中外企业物流经典案例丛书

# 采购供应管理案例

杨 丽 编著

中国财富出版社

**图书在版编目（CIP）数据**

采购供应管理案例/杨丽编著．—北京：中国财富出版社，2019.11
（中外企业物流经典案例丛书）
ISBN 978-7-5047-6852-0

Ⅰ.①采…　Ⅱ.①杨…　Ⅲ.①采购管理—案例②物资供应—物资管理—案例
Ⅳ.①F253

中国版本图书馆CIP数据核字（2018）第292730号

| | | | | | |
|---|---|---|---|---|---|
| **策划编辑** | 颜学静 | **责任编辑** | 邢有涛　郭小草 | | |
| **责任印制** | 尚立业 | **责任校对** | 杨小静 | **责任发行** | 敬　东 |

| | | | |
|---|---|---|---|
| **出版发行** | 中国财富出版社 | | |
| **社　　址** | 北京市丰台区南四环西路188号5区20楼 | **邮政编码** | 100070 |
| **电　　话** | 010-52227588转2098（发行部） | | 010-52227588转321（总编室） |
| | 010-52227588转100（读者服务部） | | 010-52227588转305（质检部） |
| **网　　址** | http://www.cfpress.com.cn | | |
| **经　　销** | 新华书店 | | |
| **印　　刷** | 北京九州迅驰传媒文化有限公司 | | |
| **书　　号** | ISBN 978-7-5047-6852-0/F·3081 | | |
| **开　　本** | 787mm×1092mm　1/16 | **版　　次** | 2019年11月第1版 |
| **印　　张** | 10 | **印　　次** | 2019年11月第1次印刷 |
| **字　　数** | 213千字 | **定　　价** | 40.00元 |

# 前　言

随着经济全球化、区域一体化、“一带一路”的发展，中国正在成为全球的制造中心和采购热点地区。因此，如何提高国内企业采购管理水平和发挥采购降本增值的战略作用，是时代发展的需要，是经济发展的客观要求。

我国在采购理论和实践方面不断探索和发展，高校和企业也日益关注，但是目前国内缺乏系统性和实践性兼顾的采购管理案例教材和培训资料。结合我国采购制度和采购管理实践，本书由编者从采购需求与计划、采购战略、供应商管理、谈判、合同、采购绩效、项目采购、政府采购等方面选择有代表性的经典案例编写而成，既可作为采购理论研究的参考文献，也可作为采购实践的参考书。

本书主要具有以下特点。

（1）结构合理。各章虽然独立但整体逻辑性强，符合读者循序渐进的学习习惯。

（2）实践性和应用性较强。各章围绕相应的主题精选、设计、分析案例，有助于读者对各章内容的理解和掌握；每个案例都有思考题，加强读者对所学内容的应用。

（3）内容丰富，重点突出。围绕采购流程和相关专题设计内容，每章选择的经典案例覆盖了该章的核心知识点。

本书由北京物资学院杨丽担任主编，负责本书的设计构思、撰写、统稿和定稿。在本书的编写过程中，得到了中国财富出版社的大力支持，北京物资学院张旭凤教授对本书的构架和内容安排给予了许多宝贵意见和大力帮助，在此对他们表示衷心感谢！在本书的写作过程中，研究团队的许多成员，如硕士生许晴晴（参编第一章、第二章、第三章、第六章、第七章）、本科生刘沙（参编第二章、第四章、第五章、第六章）、本科生包红月（参编第七章、第八章）等都做出了重要的贡献。在此，对大家的奉献表示诚挚的谢意！本书通过查阅书籍、期刊，开展调研等方式精心挑选了国内外采购案例，经过认真研究，从理论和实践层面进行分析，为我国企业采购管理水平的提高提供了思路和实战经验。

由于编者水平有限，成稿时间仓促，再加上采购管理在我国的研究与实践的时间不长，书中难免有不当之处，敬请广大读者和使用本教材的教师、学生、企业人士批评指正。我们会在随后的出版工作中予以纠正，日臻完善。

编　者

**2018年7月**

# 目　录


**第一章　采购需求与计划** …… 1

第一节　胜利油田采购计划 …… 1

第二节　A 集团采购计划管理系统 …… 4

第三节　JT 公司材料采购计划与审核 …… 8

第四节　SL 毛巾公司的库存管理 …… 11

**第二章　采购战略** …… 15

第一节　海尔的 JIT 采购战略 …… 15

第二节　基于 SWOT 分析的沃尔玛采购战略 …… 18

第三节　IBM 的战略采购 …… 22

**第三章　供应商管理** …… 26

第一节　M 公司的供应商分类 …… 26

第二节　惠而浦在全球采购中的供应商选择 …… 30

第三节　TCL 公司供应商评估 …… 35

第四节　海尔对供应商的激励 …… 38

第五节　约翰迪尔公司的供应商绩效评价 …… 40

**第四章　采购谈判** …… 45

第一节　LH 公司谈判技巧组合成就低价谈判 …… 45

第二节　光大集团基于谈判心理的时机之战 …… 49

第三节　文化对国际采购谈判的影响 …… 53

第四节　谈判策略助奥康集团与 GEOX 公司成功合作 …… 58

第五节　谈判前的充分准备帮助 DH 公司获得优势 …… 63

第六节　基于竞争性谈判的政府采购 …… 68

第七节　谈判风格对谈判的影响 …… 73

**第五章　采购合同** …… 80
第一节　付款方式对合同履行的影响 …… 80
第二节　招标中标与合同成立的关系分析 …… 85
第三节　基于 TCO 的设备招标采购合同 …… 89
第四节　H 中烟公司的采购合同管理 …… 94
第五节　未充分掌握供应商信息对合同的影响 …… 98
第六节　设备采购合同中的风险管理 …… 102

**第六章　采购绩效** …… 107
第一节　基于平衡计分卡分析 Kellogg 公司的采购绩效考核 …… 107
第二节　可口可乐采购人员绩效管理 …… 110
第三节　山东省某烟草专卖局采购绩效考核 …… 114

**第七章　项目采购** …… 118
第一节　H 公司服务采购资格条件 …… 118
第二节　W 高校教室用挂壁式搪瓷书写绿板招标失败 …… 122
第三节　建设工程违法分包需承担连带责任 …… 125
第四节　计算机软件与系统集成项目招标 …… 128
第五节　指定货物品牌导致 Z 师范大学项目采购失败 …… 131

**第八章　政府采购** …… 135
第一节　PPP 项目的投诉案件 …… 135
第二节　单一来源采购需慎重 …… 138
第三节　承德电视台设备采购遭遇同品牌同型号投标 …… 141
第四节　投标保证金的重要性 …… 144
第五节　“货物”与“服务”单行 …… 147

**参考文献** …… 150

# 第一章　采购需求与计划

## 第一节　胜利油田采购计划

### 一、案例背景

胜利油田工作区域分为东部油区和西部油区，东部油区主要分布在山东省东营、滨州、淄博、德州、潍坊、烟台、济南、聊城 8 个城市的 28 个县（区）内，主体部分位于东营市；西部油区分布在新疆、青海、甘肃、宁夏 4 个省（自治区），主要工区位于准噶尔盆地。截至 2017 年年底，胜利油田探矿权登记面积 10.36 万平方千米，其中东部 4.06 万平方千米、西部 6.30 万平方千米，是中国第二大油田。胜利油田是一个资源丰富、资金密集、技术密集、人才密集的国有特大型企业，是中国第二大石油生产基地，同时又是正在建设中的山东石油化工基地和农牧渔业基地，在实施中国石油工业“稳定东部，发展西部”战略方针和山东省两个跨世纪工程开发建设黄河三角洲与建设“海上山东”中均具有举足轻重的地位。

进入 21 世纪，胜利油田进一步加强企业文化建设，提炼和形成了“从创业走向创新、从胜利走向胜利”的新时期的胜利精神。并确定了“以人为本，科技领先，效益至上，竞争发展”的经营理念；“打造胜利品牌，实现持续发展”的经营战略；“经济效益最大化，社会效益最优化”的经营宗旨；“诚信规范，科学高效”的经营准则；形成了“创业、创新、竞争、发展”的胜利文化核心内涵。胜利油田的企业文化建设取得了丰硕成果，2003 年，荣获“全国企业文化优秀成果奖”，2005 年被中国企业联合会、中国企业家协会命名为“全国企业文化建设示范基地”。2008 年通过全国企业文化示范基地复审，再次被授予“全国企业文化示范基地”称号。2009 年胜利油田荣获“全国文明单位”称号。2010 年，胜利油田荣获“新中国 60 年企业精神培育十大摇篮组织”和“中国企业文化建设十大杰出贡献单位”称号。

制订采购计划可以有效规避风险，减少损失；为企业采购提供依据，有利于资源的合理配置，以取得最佳经济效益。目前胜利油田在进行物资采购的过程中存在很多疏漏，应对现在的采购方案进行调查分析，提出改善措施，提高采购计划的可行性。

## 二、案例陈述

### （一）采购计划现状

目前，胜利油田每年的物资采购资金约为 85 亿元，涉及钢材、木材、水泥、机电设备、仪器仪表等 56 个大类、12 万吨的物资。胜利油田目前有 9000 多人从事物资供应管理工作，庞大的体系给采购管理造成了许多困难。胜利油田每年采购资金 85 亿元，其中有 45 亿元的产品是由与胜利油田有各种隶属和“姻亲关系”的工厂生产，其产品质量很难与市场同类产品相比，而且价格一般要比市场价高。

目前，企业石油设备采购计划大多以采购人员获得采购管理部门的批复开始，采购部门根据用户需求拟订采购方案，包括采购方式的选择、供应商选择的标准、安排与潜在供应商进行技术交流、确定设备的具体技术规范等，直至招标及谈判工作开始前的安排和部署性的活动。采购人员按照上级指示进行采购活动，在采购时根据现场情况做好记录。

### （二）存在问题

（1）采购计划缺乏完整性、系统性。具体表现为：采购人员对自身的工作职责不够明确，只是简单地听从上一级的安排，工作较为被动、缺乏规划，采购工作被用户推着走，采购模式相对混乱。

（2）采购计划的编制缺乏科学的工具。问题表现为：采购人员对采购进度计划管理不当，对于采购过程中出现的资料和数据，往往通过电话沟通、做临时笔记及模糊记忆来采购，当数据量大、采购周期较长时易出现遗漏和凌乱等问题，无法确保物资的质量合格，没有对质量进行管控。

（3）采购计划的编制缺乏对物资采购的分类研究。石油设备所涉及的产品种类繁多、专业性较强，在实际采购中出现了由于缺乏对关键物料的分类研究，导致采购人员工作量非常大，工作效率不高且易出现疏漏等问题。

（4）采购计划的专业化水平不高。部分采购人员对设备现场的使用操作及设备性能不太熟悉，而现场工程技术人员虽能熟练地掌握信息，但对物资整体消耗无法做到前瞻性和规律性分析判断，导致采购计划专业化水平不高。

## 三、案例分析

### （一）改善措施

针对目前胜利油田在制订采购计划时存在的问题，为了提升工作效率，采取以下措施。

(1) 规范采购模式。伴随着石油公司建设的推进，胜利油田还积极推进物资供应模式的创新，实施标准化采购，坚持质量主导。标准化采购将选购产品变为量身定制产品，让供应商按照油田技术需求生产物资。胜利油田通过组织专家从源头上对工艺流程、产品技术参数和供应商等进行优化，建立统一的产品技术标准体系，实现从选购产品向定制产品、从市场采购向战略采购等多种转变。

(2) 科学管控采购计划，对采购计划进度做到密切监控。供应链条复杂多样，科学管控尤为重要。胜利油田加强对资料的整理储存和信息的传递，避免因信息不对称造成物资采购的失误，并通过控制验收检验和储运等关键环节以及加强质量风险识别等举措，明确采购供应全过程、各环节的质量管控责任，把每一个环节都纳入质量管控范围。

(3) 标准化采购。胜利油田在现有采购工作流程基础上，逐步梳理探索建立了标准化技术产品选型定型工作流程，并建立涵盖油气开发、地面工程等标准化数据库，为不断丰富和全面推广“四化”建设模式奠定了坚实基础。实施“四化”建设标准化采购，不仅使费用成本大幅降低，仅用工就比传统模式节约30%以上。在物料消耗庞杂、结构性缺员的胜利油田开展标准化采购工作，其效益不言而喻，通过实施标准化采购，提高了整个采购计划的专业化水平，使采购流程顺畅进行。

(4) 分类管理。凡属胜利油田物资采购的职权范围内：一是引入竞争机制发挥批量采购优势，实行招标、议标、电子商务采购的方式；二是对不符合招标条件的物资采购继续实行“合同会签制”，使采购业务公开、公正、透明；三是建立健全采购决策、采购权限、采购审批等程序，指定专门部门对采购计划和采购全过程进行审核和监督，更好地规范采购行为，降低采购成本。

### （二）总结

胜利油田的现象说明，封闭的体制是国有企业更新采购理念的严重阻碍。中国的大多数企业，尤其是国有企业采购管理薄弱，计划经济、短缺经济下粗放的采购管理模式依然具有强大的惯性，采购计划制订方面的漏洞是一大阻碍。统计数据显示，在目前中国工业企业的产品销售成本中，采购成本占60%左右，可见，采购环节管理水平的高低对企业的成本和效益影响非常大。迅速、准确地了解物资需求，制订合适的采购计划，对整个业务链的顺利运行都至关重要。

**案例分析与讨论题**

1. 胜利油田在采购计划管理中存在哪些问题?

2. 胜利油田制订采购计划的作用有哪些?

3. 本案例对其他企业有什么启示?

# 第二节　A 集团采购计划管理系统

## 一、案例背景

### （一）基本信息

山东某集团（以下简称为 A 集团）是一家主营能源的企业，为坚持以煤为基、适度多元，规模增长与价值增长并重、产业运营与资本运营并举、传统能源与新型能源并行的方针，把传统能源与新型能源作为基础性主导产业，在发展煤、电、油、气等产业的基础上，坚持以市场为导向、效益为前提，积极进军风能、核能、太阳能、生物质能等新型能源领域，大力发展能源装备制造业，培育发展与主导产业相融合的现代服务业，创新发展煤化工等产业，实现安全发展、内涵发展、转型发展、跨越发展。

A 集团由山东省的四家企业组建成立，与集团整合之前的十年间增长平均值相比，产量年增幅很大，由 367 万吨增长到 1816 万吨，收入年增幅由 80 亿元增长到 372 亿元，资产年增幅由 109 亿元增长到 376 亿元。在新增资产中，利润是主要来源之一。

### （二）A 集团采购计划管理现状

A 集团由四个子公司组成，四个子公司经营的产品类似，整个集团的采购额度每年有 2 亿元左右。A 集团成立采购部以后，一直进行比质比价管理，采购流程十分规范。由于 A 集团成立时间短，特别是采购的大宗物资可以进行集中采购，所以 A 集团决定对采购工作进行统一管理。但四个子公司分布比较分散，采购计划的提报十分麻烦，另外，采购计划的控制也不好执行。由于采购额度巨大，控制不好会造成很大的经济损失，A 集团不得不通过增加人力、物力和财力等手段来解决这些日益突出的采购管理问题。解决采购管理问题的这种方法虽然能在实施初期发挥一定的作用，但是在长时间的生产运行过程中，也暴露出很多不利于管理和生产的问题，比如手工管理具有易出错、效率低、检索信息慢等缺点。采购过程中暴露出的问题对 A 集团提出了新的要求，因此其需要及时寻找一条既能治标、又能治本的解决途径。于是 A 集团决心设计“A 集团采购计划管理系统”并将其投入到管理活动中，使采购管理人员从繁重的工作中解脱出来，使采购管理工作安全高效。

## 二、案例陈述

### （一）A集团采购计划管理系统

A集团采购计划管理系统是关于A集团物资采购管理的应用系统，系统设计由物资分类处理、计划分析和库存统计、计划录入、计划审核、计划分配、计划登记等组成。系统整体布局遵循软件工程的标准方法，整个系统选用比较流行的Asp.net技术进行开发设计，后台的数据库选用SQL Server 2005，开发环境则选用Visual Studio 2005。在Visual Studio 2005环境下，利用独特的事件驱动编程机制，加之所见即所得的可视化设计工具，使用Windows系统内部的应用程序接口函数，以及动态的链接数据库、动态数据交换、对象的链接与嵌入、开放式数据访问等技术，便可以快速、高效地开发出能在Windows环境下运行的、功能复杂、界面丰富的应用软件系统。A集团采购计划管理系统通过应用信息技术，将大量信息的流程进行规范并统一数据，从而进一步使决策智能化，提升管理水平。

### （二）采购计划管理系统设计流程

1. 物资分类处理

A集团存在多个多种类的采购业务，这些采购业务又分别归于不同的管理部门，因此在进行采购计划管理系统设计时，必须对物资加以分类，以实现系统的实用性。根据企业的实际情况把采购物资划分为三种情况。

（1）主要原料。根据合理化库存进行采购，各公司不用提报采购计划，集团采购部确定每种原料在各公司的合理库存，自行采购。这些原料有十多种，但由于生产是连续进行的，所以主要原料的正常供应对于保障生产是很重要的，在资金方面也要优先照顾。

（2）各公司相同的物料。由于企业正处于不断发展的阶段，使用MRPⅡ（制造资源计划）中对采购计划的要求来进行管理还有一定的难度，而且我们还制订了适合企业发展的工作流程。

（3）零星物资。主要是生产急需物资和非生产性小额物资，但每月要把采购情况形成报表，提供给集团采购部进行抽查，确保采购的质量和采购成本。

2. 计划分析和库存统计

A集团的采购计划分为月计划和临时计划，月计划一般在上个月的24日前提报，先由各部门把采购计划提供给企管部，企管部根据公司的实际情况进行审批，然后汇总提供给分公司仓库，仓库管理人员对现有库存情况进行统计整理，录入计算机。有的分公司有库存管理系统，可以将其结合起来使用。

3. 计划录入

系统根据公司名称和时间自动生成计划编号和序号，不用人工录入。我们对常用物品进行了代码化，在输入采购物品名称时，只要录入几个字母就可以自动生成汉字的物品名称，省去了录入汉字的烦琐。每一种物品都一个助记码，可以根据情况自己定义。临时计划的提报步骤与月计划的提报步骤相同，如果有大型的设备需要提报计划，则需要专门的提报单。计划经过审核无误后，就可以发送了，计划的发送主要是把计划传送到企管部，只需按一下“发送”按钮，就可以把数据库文件复制到服务器上，不用再利用发传真、打电话的方式，准确快捷。首先对数据进行压缩然后自动复制，数据库文件以分公司的名字命名。

4. 计划审核

企管部对收到的采购计划进行审核，选择分公司后，将所有未审核的计划全部列出，审核的目的是根据集团目前的资金情况和各公司的物资库存情况进行综合平衡。如果能够进行调整就不把计划下发到采购部，另外，根据资金情况或项目建设情况，一些物资是不需要购买的，需要对这些物资要进行必要的控制，主要依据物资对生产的重要程度和紧急程度对需要购买的物资进行 A、B、C 分类，方便对采购部的考核。在这个过程中，企管部可以更改计划，但改后的计划必须反馈回分公司。

5. 计划分配

采购部对接收到的采购计划进行分配，把计划落实到每一个业务员，操作过程比较简单，因为计划在录入过程中包含了物资的种类，这样在分配计划时可以按物资种类进行排序，例如，把五金类的交付给业务员甲，办公类的交付给业务员乙。

6. 计划登记

采购完成以后，在物资入库时根据采购计划编号和序号进行登记，详细记录入库日期，以便对采购计划的完成情况进行统计。这样采购计划管理系统就设计完成了，采购部可以实时了解物资的使用情况，财务中心也可以看到采购计划的分布情况。采购资金的汇总情况可以自动生成，报表主要按分公司、物资分类进行汇总，这样财务中心对采购资金的整体情况也就能了如指掌。A 集团在采购物资时，进入系统点击所需采购的物资，系统便能自动匹配供应商。

## 三、案例分析

### （一）采购计划管理系统的分析

采购计划管理系统经过试运行，现在已推广到四个分公司。通过对系统应用情况的了解，我们可以看出整个系统具有以下优点。

（1）特别适合刚刚成立的，要对采购进行集中管理的集团企业。尤其是产品类似、采购业务类似的集团企业。

(2) 系统录入简便，具有提示功能。为了适应同种物资、不同规格的采购计划的录入，系统可以一次添加几行相同的记录，然后修改其规格。录入提报的计划一般按照需用部门进行录入，只要录入一次需用部门就可以利用系统的“拖曳”功能把所有的需用部门自动填上，并且可以定义需用部门的代码，例如“办公室”可以用“BGS”代替，就像定义词组一样简单，节省了录入时间。系统中的物资名称都有相应的代码，只要录入一次，系统可以自动记忆，下次输入简单的代码，便可以自动输入物资名称、规格、单价等，节省了录入时间。系统可自动检测计划的完整性，特别是需求时间和价格，以便于考核和统计。

(3) 考虑了操作中的失误和各级部门的权限。计划录入完成以后，可能有错误，并且仓库管理员根据目前的库存情况应当修改一些物资的采购数量，录入人员可以对部门提报的计划进行修改。分管经理也可以对提报的计划进行一次修改，保证采购数量既满足需求，又不造成过剩积压。

(4) 方便了计划的传输。通过建立网络可以把分公司审核后的计划发送到总部企管部进行类别划分，整个传输过程只需要两分钟，不再需要专人上报。

(5) 计划的类别划分和采购任务的分配简便。与在 Excel 中的操作类似，只需输入 A、B、C 进行拖曳，在计算机中进行划分比手工划分更快、更方便。采购计划到达采购部后，应把采购计划变为采购任务单下发到各业务员，系统按物资类别调入没有分配的采购计划，操作员根据业务员的分工，确定每一项采购任务由哪个业务员来完成，最后按业务员打印出采购任务单。

(6) 查询方便，责任明确。采购计划发送以后，计划提报人或部门经理都不能修改了，只能查询。查询时可以根据需用部门、提报日期进行查询、打印。通过查询可以考核提报单位提报的物资数量和规格是否准确可靠。

(7) 统计分析功能强大。系统可以自动汇总各部门提报计划的所需资金，传送到财务中心。在月底，系统可以对采购计划整体情况和采购任务完成情况进行考核汇总。

### (二) 总结

采购计划管理系统是库存管理的继续，是采购管理的前提。采购计划管理系统的实施，使工作效率得以大大提高，特别是利用计算机网络进行传输，在上报时录入一次就可以，避免了重复书写和复印。企业可以利用更多的时间进行分析和预测，而不是把大量的时间用在计划的抄写和审核上。以前在采购计划的传输过程中经常出现错误，需要打电话联系核对。现在采用计算机进行管理，避免了错误的出现，减少大量的费用。利用系统进行统计分析，例如，统计各分公司计划提报的项目、分类明细、资金统计，分析临时计划的比例和项目，控制临时计划的数量，促进采购工作的进行。

另外，利用计算机进行采购计划的管理，工作流程更明确，各部门的责任更明确，出现问题易于查找分析。系统的正常运行，使采购计划的制订更加科学、简单，提高了企业管理水平，减少库存积压，降低资金占用，对于保证生产正常进行具有非常重要的意义。采购计划管理系统的应用，为采购人员提供了便利，节省时间，通过降低采购成本，为集团增加收益。

**案例分析与讨论题**

1. A 集团采购计划管理系统有何优势？
2. 企管部在对计划审核时，如何保证计划的准确性？
3. 思考 A 集团的采购计划管理系统是否有不足之处？

# 第三节　JT 公司材料采购计划与审核

## 一、案例背景

JT 公司项目是完全按照循环经济理念设计建设的具有国际先进水平的大型钢铁项目。该项目于 2007 年 3 月 12 日开工建设，JT 公司现有职工 12000 多人，项目总投资 677.31 亿元。建设规模为年产生铁 898 万吨、钢坯 970 万吨、钢材 913 万吨。2009 年 5 月 21 日，5500 立方米的 1 号高炉成功地送风点火出铁，随后炼钢、热乳、冷乳部分工序相继投产，一步工程全线贯通；2010 年 6 月 26 日，一期工程竣工投产。自 2010 年 6 月 26 日全面投产以来，JT 公司积极探索现代化大型装备和先进工艺运行规律，生产水平、工艺控制能力逐步提高，各工序产能和技术经济指标于 2012 年 6 月达到预计水平。2013 年以来，面对严峻的市场形势，JT 公司以抢市场、降成本、抓措施、保目标为主线，以推进降本增效、产品结构调整、经济炼铁为突破口，狠抓工艺攻关，技术经济指标水平逐步提高。2014 年，JT 公司大力推进产品开发和认证，积极开拓和占领市场，主要产品的国内市场占有率迅速提高。JT 公司以汽车板“五大体系”建设为抓手，推进全流程制造能力提升，高端产品接单能力进一步增强。汽车板产量同比增加 20 万吨，特别是镀锌汽车板比例同比提高 13 个百分点；出口产品 130.4 万吨，其中汽车板出口量实现翻番。目前，家电板、车轮钢、高强钢、集装箱钢的市场占有率分别达到 23%、30.1%、29.6%、14.3%，J55 石油套管用热轧宽钢带、HP295 焊接气瓶用钢板和钢带、DC03 冷轧低碳钢板及钢带 3 项产品，获 2014 年冶金行业实物质量“金杯奖”。

近几年 JT 公司取得了一些成绩，但受国际大环境及国家宏观经济政策的影响很大，企业生产经营面临着严峻的考验，在采购计划与审核过程中出现的问题尤为明显。JT 公司为了保持自己的优势地位，持续稳定发展，急需分析出问题缘由，找出根治的办法。

## 二、案例陈述

### （一）采购计划与审核的现状

JT 公司利用企业资源计划（ERP）系统来实现材料采购申请的追踪管理。其基本思想是采购计划借助 ERP 系统提报，在 ERP 系统内设立分级审批权限，并记录审批时间、审批人员、审批结果等信息。作业部通过 ERP 系统提交化工物料采购计划并进行一级审批管控，采购部利用 ERP 系统查看在途、库存及消耗，对收集的数据进行人工分析，从而进行平衡决策，之后对作业部化工物料采购计划中物料项目及数量进行二级审核，最终将合格采购计划转为采购实施。

JT 公司化工物料采购申请管理系统分为二级管控，首先作业部点检人员将现场物料需求提报给作业部物料计划员，之后物料计划员根据各区域点检查人员提供的需求平衡本部需用量，在 ERP 系统内创建采购计划申请，采购申请单上会说明所需物料描述、需求数量、需求日期、单位等信息，之后系统将其提交给作业部主管处长、部长进行逐级审批，审批通过后返回物料计划员，再由物料计划员系统提交采购部采购员，采购员根据各作业部提报的计划进行全公司的平衡审批，之后按金额审批权限系统提交组长、处长、主管部长或部长，各级领导审批通过后采购计划成立。

### （二）存在问题

（1）沟通不畅，增加成本。采购部工作相对独立，采购计划以作业部转来的物料采购申请为起点和依据，采购人员对现场的生产情况不了解，对现场实际需求情况更是一无所知。由于与现场使用者缺乏直接的沟通和交流，相互间不清楚物料的进价，一方面造成其根本无法控制成本，另一方面也会因个别物料的缺乏造成送货延误，从而在一定程度上影响生产。

（2）计划执行慢，采购效率不高。JT 公司作为国内大型先进钢铁企业，正处于逐步探索成熟阶段，现阶段技改项目相对较多，但采购人员对新材料、新技术乃至新设备熟悉程度不够，专业知识储备不足，而且作业部编制的物料采购计划，在品种、规格、数量、需求时间的预测上都存在一定的误差，这样就大大增加了计划审核部的审批层次。因此，采购部在实施采购时，需要反复与供货商确认采购的技术要求和产品的规格型号，无形中造成采购计划执行困难，计划执行期长。

（3）制度培训不够，执行不力。JT 公司虽有相应的采购管理办法，制度中也明确规定了采购计划的审批流程，但由于制定部门没有对作业部人员进行充分培训，导致作业部提报计划人员并没有把制度吃透或根本不清楚制度是如何规定的，在申报计划时随意性很强。

(4) 流程弹性不足，影响采购周期。JT公司虽有相应的采购管理办法，但由于制度弹性不够，因此对于应急采购计划显得捉襟见肘。应急采购要求采购周期短，但由于物料采购中涉及的部门和人员较多，每一个阶段的延误，都会影响整个流程的效率，这就使得采购周期延长。

(5) 计划准确性差。JT公司采购计划的编制是采购部的采购员根据作业部提出的采购计划经过库存量对比后制订的。作业部制订采购计划一般是根据生产进度估算的，估计的量和需求的时间比较粗糙。这样容易导致编制的采购计划量和实际需求量存在差距，一方面造成物资采购量小于实际需求量，不能满足需要，而另一方面造成物资采购量大于实际需求量，按照编制的采购计划采购回来的物资，大多数情况下并没有被使用单位按原来所提需求数量如数领走，而是形成库存积压，造成浪费。

## 三、案例分析

### (一) 解决方案

JT公司在采购计划和审核中存在的问题，直接导致了采购工作效率低、采购成本高且采购工作衔接不顺畅，这些现象严重影响了采购工作的高效开展，乃至整个公司的发展。现提出以下解决方案。

(1) 加强物料的审核。在计划确定阶段，采购部与作业部之间的沟通是十分重要的。在具体的采购计划交给供应商之前，采购部是对它进行把关的最后一环，因而对于采购物料描述准确性方面的问题，采购部应该与作业部进行沟通，在采购部原有采购流程中应着重增加界定描述需求这一项，保证采购计划的准确性。

(2) 提升采购人员自身业务素质水平。随着企业采购规模化、专业化、电子化的不断加强，采购人员的自身水平起着至关重要的作用，甚至决定着采购行为的成败，影响着采购目标的实现。因此，建立一支专业化的采购队伍，不断提高采购人员的素质是企业发展的有力保障之一。只有不断加强采购人员自身业务素质水平，使之对自己的业务范围、采购物料的特性更加熟悉了解，才能加快采购计划的审批时间，缩短采购周期。

(3) 加强沟通。作为职能管理部门，采购部应该本着为作业部服务的理念，借鉴“保姆式采购”理念，加强与作业部的沟通，时刻了解其需要。JT公司还要不断加强制度的制定、完善及培训工作，使作业部人员熟练掌握工作流程。

(4) 简化与整合流程。JT公司一方面应简化流程，消除企业现有流程中的非增值部分，因为非增值活动不仅不会促进工作的开展，而且还会在一定程度上阻碍正常工作的步伐，清除非必要的非增值环节后，对剩下的环节做进一步优化，达到简化流程的目的；另一方面是整合流程，对现有流程进行分解，对相关性很高或者业务运作方式比较相似的流程进行整合，通过整合使流程更简洁、顺畅、连贯，以更好地满足顾客的需求。

（5）完善信息化。目前，市场竞争加剧，市场环境瞬息万变，对市场需求的预测变得至关重要。企业借助信息化手段来实现对市场需求变化的观测，制订合适的采购计划，实现部门间的协调，以较低的成本满足需求，从而增强企业核心竞争力。

### （二）总结

随着市场制度的完善、竞争的加剧，钢铁行业已经从高利润、高成长的阶段进入了一个同质竞争激烈、利润率减少、增长率变缓的阶段。采购在成本控制中起了举足轻重的作用，而只有良好的采购流程才能提高采购效率，降低采购成本和风险，从而获得更大的市场收益。一系列的改进，使 JT 公司的运输带类物料采购周期由原来的 125 天缩短到 100 天，大大提高了 JT 公司的整体管理水平及效率。

**案例分析与讨论题**

1. 优化采购计划与审核，对 JT 公司有哪些好处？
2. JT 公司如何提高采购计划的准确性？
3. 对于优化采购计划，你还有哪些好的建议？

# 第四节 SL 毛巾公司的库存管理

## 一、案例背景

### （一）基本信息

SL 集团于 1986 年成立，其间经过了 30 年的努力开拓，其主要业务范围是毛、棉等研发制造业，并开始向家用纺织业、房地产业、服装业、金融证券业等方向转型，逐渐发展成为一家综合型的民营集团企业。SL 集团重要的组成部分之一是 SL 毛巾厂，它目前是中国北方的一家以生产毛巾为主的大型企业，在业内受到广泛认同，也是我国家用纺织品行业协会的常务理事企业。经历了多年发展变革后，SL 毛巾公司现有纺纱车间 230 余平方米，现代化染色、织造和整理车间 360 余平方米，拥有一支包括 70 余名富有经验的员工队伍。公司的核心基础及发展动力是追求高质量，其生产技术十分先进，并拥有非常完备的质量验证体系及设备。目前，公司已通过 ISO 9002 国际质量体系认证，

ISO 14001环境管理体系认证，公司所生产的优良产品已获得Oeko-Tex Standard 100证书。SL毛巾公司主要生产绣花毛巾、缎边毛巾等在内的几十余种产品，并远销海内外。公司生产的产品质量过硬、设计新颖、舒适贴肤且具有良好的吸水性，在国内外市场都具有较高的口碑，深受广大“粉丝”的追捧，产品销路广泛，远销欧洲、美洲、亚洲等二十多个国家与地区。

### （二）环境分析

自2016年起，受我国经济大环境不景气的影响，许多行业都遭到了或多或少的打击，然而纺织行业并未受到太大影响。这主要是由于其产品作为家庭日用必需品的原因决定的，但是实际上，越是遭遇困境，越能够测试并展现出一个企业的综合实力。产品、市场和经销商就是目前SL毛巾公司需要加大重点研究的对象，通过针对性以及科学系统地研究，也可以有效提升企业的综合实力。库存管理的主要功能是记录入库、出库、盘点等库存详细信息，帮助用户清楚地管理库存的每一次出入库和盘点情况，提高库存管理效率。SL毛巾公司已经清楚地认识到库存是制约企业生产经营的短板，影响了公司的发展。为了体现公司的综合管理实力，有效地保证生产经营活动的连续正常进行，必须继续加强库存管理。

## 二、案例陈述

### （一）库存管理的现状

库存商品的存在会占用SL毛巾公司的流动资金，降低公司流动资产的流动性。例如，SL毛巾公司2015年的年销售额稳定在2亿元，在所有的流动资产中，库存商品占用的流动资金达3560万元，而企业的经营净利润只有545.4万元。因此，库存商品并未及时流通，使得公司很难获得高额的净利润。基于此，在所有库存商品中，存储天数在60天以上的产品占用资金额比例为20.6%，存储天数在45天以上的产品占用资金额比例为56.1%。目前对库存的管理如下。

（1）SL毛巾公司对物料进行ABC库存分类，用80%左右的年购买金额管理A类物料的库存，因为A类物料是最关键的，虽然在品种数量上仅占20%左右，但要进行最重点的管理。对B类物品进行次重点管理，每周要进行盘点和检查。C类物料的控制可粗略一点，采用定量订货控制法，集中采购，减少订货次数。

（2）做好本月的生产采购订单，并确定好本月需要的原料、半成品、物品及其需要的数量，据此整理好采购订单之后，和上游的供应商取得联系，并确认好所用材料的到货日期，进行及时跟踪。

（3）在上游的供应商交货后，库存部门核对和查收货物，在数量和种类上查验无误后，货物将交给技术部门对货物的质量进行检查。

（4）在货物清点完毕后，技术部门将对货物进行检查。经过质检合格的货物交由仓库管理人员进行登记入库，并保证整个货物仓储管理过程中的货物安全。

（5）在生产部门需要使用货物时，要及时按照流程进行出库登记核对。

### （二）存在问题

（1）在对物料进行分类时，虽然分为A、B、C三类，但是不仅对于A类物料进行了重点管理，对B类物料也投入了太多的管理精力，在实际管理时应将其与A类物料有明显的区别，而对C类物料缺乏一定程度的管理。

（2）供应商的随意性较强，SL毛巾公司处于一个相对被动的位置，面对时刻变化的市场需求，无法保证物料的及时准确送达。

（3）货物清查时，若数据更新不及时，会造成人力和物力的浪费。

## 三、案例分析

### （一）改进方案

SL毛巾公司面临着激烈的市场竞争，为了满足更多样化的客户需求，加强库存管理会在很大程度上影响公司的生产成本。所以，针对目前在库存管理中出现的问题，提出如下改进方案。

（1）与供应商签订合同，并且承诺送货准时、不提早、不延迟，严格按照合同的规定执行。在做好库存储备的前提下，可以根据看板订单，按照每次订购量较少但次数较多的交货方法，要求供应商进行配合。

（2）对于常用需求数据，要进行分析预测，并定期与计划组共同讨论，以得到更新的动态变化数据。

（3）对于B类物料，除了在紧迫的状况下给予较高的优先权外，还应进行正常控制，根据以前的经济批量订购，不用对订购量和订购周期进行改进。对于C类物料，要给予最低的优先作业顺序，进行简单控制，如设立简单的记录或者不设立记录，可以每两个月进行一次盘点并补充大量库存。

### （二）总结

SL毛巾公司面临着激烈的市场竞争，SL毛巾公司对质量和成本进行了有效的管理控制，满足了更多样性的客户需求，选择了更多种类的材料进行生产，进行了有效的库存管理。而且为了更好地保证产品生产供应，SL毛巾公司对市场和客户需求变化做出敏捷反应，努力做到以低成本为顾客提供优质的产品。无论经济大环境如何，企业都要首先提升自身的“硬实力”，胸有成竹地去面对市场给予的考验，并以此转化成企业进一步发展的良机。

**案例分析与讨论题**

1. 在进行库存管理时，应该注意哪些因素？

2. 除了 ABC 分类法，还有哪些方法可对库存进行分类？

3. SL 毛巾公司进行库存管理的重要意义？

# 第二章　采购战略

## 第一节　海尔的 JIT 采购战略

### 一、案例背景

海尔集团创立于 1984 年，多年来持续稳定发展，已成为在海内外享有较高美誉的大型国际化企业集团。海尔产品从 1984 年的单一冰箱发展到拥有白色家电、黑色家电、米色家电在内的 96 大门类、15100 多个规格的产品群。海尔在全球 30 多个国家建立本土化的设计中心、制造基地和贸易公司，全球员工总数超过 5 万人，已发展成为大规模的跨国企业集团。目前海尔集团是世界第四大白色家电制造商、中国最具价值品牌，海尔有其独特的品牌战略，海尔以“一个世界一个家”作为其品牌战略的核心思想，长期以来坚持的是“有缺陷的产品等于废品”的产品质量意识。“卖信誉而不是卖产品”的品牌意识贯穿整个海尔集团，由上而下地灌输这种“追求品质”的企业文化，并以品牌战略为基础制定了各种经营战略。

但是，海尔物流难以满足海尔集团国际化战略需要。海尔“创立世界名牌”的国际化战略目标要求其持续批量产出高品质产品，而要实现大批量生产条件下产品质量的一致性，原材料供应是一个很重要的因素。这些要求主要体现在供应的数量、质量和时间上：在数量上要确保持续不间断供应，对库存有着较高的要求；高品质的要求意味着采购范围的扩大，因为要从最好的供应地点挑选最优质的材料，对采购成本和配送效率有着较高的要求；关于时间方面的要求一是原材料供应要及时，二是能够敏锐地把握消费者需求的变化，在尽可能短的时间内提供新的原材料。物流状况的不尽如人意，严重阻碍了海尔集团的发展，因此，要寻求适合集团发展的采购方式，满足集团的未来发展要求。

### 二、案例陈述

海尔集团根据目前的状况，采取 JIT 采购战略，集中采购物资，实现集团内部与外部供应商的信息共享、共同计划、共同开发，所有的供应商在网上接单，通过网上查询计划与库存，及时补货，实现 JIT 采购。海尔完全是物流的一体化，包括采购、生产、销售、配送等的一体化，物流部门的组织结构已经被调整过来，由物流部门来控制整个集团下面的物流。海尔物流的特色是借助物流专业公司的力量，在自建基础上进行小外包，总体实现采购 JIT、原材料配送 JIT 和成品配送 JIT 的同步流程。同步模式的实现得益于海尔的现代集成化信息平台。

海尔 JIT 采购同步流程如下。

1. JIT 采购

JIT 采购即何时需要就何时采购，采购的是订单，不是库存，是需求拉动采购。这就对采购提出了较高的要求，要求原有的供应网络要比较完善，可以保证随时需要随时能采购到。主要有以下几种形式。

（1）全球统一采购。海尔产品所需的材料有 1.5 万个品种，这 1.5 万个品种的原材料基本上要进行统一采购，而且是全球范围内的采购。所以它的 JIT 采购是在全球范围内以最低价格进行统一采购，采购价格的降低对物流成本的降低有非常直接的影响。

（2）招标竞价。海尔每年的采购金额有 100 多亿元，通过竞标和竞价采购价格下降 5%。如果每年下降 100 亿元的 5%，就可以直接提高利润，或者说其产品价格在市场上就更有竞争力。

（3）网络优化供应商。网络优化供应商就是通过网络在全球选择和评估供应商。网络优化供应商比单纯压价要重要得多，因为它的选择余地很大，真正国际化的企业会在国际大背景下运作，从而有很多资源供它选择。海尔的 JIT 采购实现了网络化、全球化和规模化，采取统一采购，而且用招标竞标的方式来不断地寻求物流采购成本的降低。

2. JIT 生产

JIT 生产也是生产订单，不生产库存。顾客下了订单以后开始生产，约定交货日期，在这个期限内安排生产计划。完成生产计划需要保证原料供应的进度。只要原料供应的进度能够保证，生产计划就会如期完成。

ERP 模块由市场需求拉动生产计划，生产计划拉动原料采购，再要求供应商直送工位，一环紧扣一环。ERP 的基础是 ERP 的操作平台，以 IT 技术作为 JIT 生产的技术支撑，该技术决定了 JIT 生产的低成本和高效率，相反，如果靠传统模式去实现 JIT 生产难度就会很大。

3. JIT 配送

目前海尔物流部门在国内有四个配送中心，在德国和美国也有配送中心，但目的都是要达到零库存。零库存不是库存等于零，其核心是较低的库存周转速度和周转配送中心。JIT 配送不是 JIT 运输，因为运输是长距离的，配送是短距离的，是当地的。

怎样做到按照生产的需要在当地进行配送，随时需要随时送到，而且数量、规格要符合需要，这对物流提出了比较高的要求。货物配送时间扣得越准，JIT 生产、JIT 采购、JIT 配送速度越快，相对来说库存量就越少。所以 JIT 配送是这一切的基础，采购、生产与配送必须同时具备 JIT 的条件。

JIT 生产、JIT 采购、JIT 配送三者有机地结合在一起，这种物流流程和传统做法不一样，这完全是一体化的运作，而且海尔物流跟一般企业的物流还有较大的差别，海尔对物流高度重视，把它提升到战略高度，也很舍得投资，去过海尔现场观察的人都会对它的立体仓储赞不绝口。

## 三、案例分析

### （一）海尔 JIT 采购战略的评价

海尔 JIT 采购战略主要分为三个方面：JIT 采购、JIT 生产、JIT 配送。这三个方面相辅相成，共同构成海尔集团 JIT 采购战略的整体框架结构。海尔集团将整个生产流程都置于 JIT 采购战略的管理之下，并且将 JIT 采购、JIT 生产与 JIT 配送三个方面结合起来，极大地加强了 JIT 采购战略的作用。实施 JIT 采购战略的作用表现在以下几方面。

（1）有效提高生产销售及库存效率，提高了海尔集团的经济效益。

（2）不断满足市场需求和消费者的期望。

（3）尽可能地降低海尔在产品生产过程中的采购成本以及库存成本。

（4）有助于从整个产品生产的上、中、下游来提高生产效率和生产质量，提升产品竞争力，从而得到较好的供应链管理效果。

### （二）海尔实施 JIT 采购战略的建议

虽然 JIT 采购战略给集团带来诸多便利，但还应注意 JIT 采购战略实施中可能遇到的问题，JIT 采购战略不是能随随便便实施的，应在方方面面打好环境基础，使其与集团的原始管理模式相融合，使 JIT 采购战略在海尔发展中发挥出最大的作用。为了使 JIT 采购战略顺利实施，应注意以下几点。

1. 积极转变思想观念

JIT 生产方式不仅是一种新的管理手段，也是一种与企业环境、企业文化以及管理方法高度融合的管理体系。它的思想就是杜绝一切浪费。企业应当按照 JIT 的管理思想，积极转变传统管理方法，努力适应新的管理方法，提高企业的管理水平。

2. 实行全面质量管理

全面质量管理是实施 JIT 生产的重要途径。全面质量管理包括产品生产的质量管理和全体员工参与的全员管理。这种全员参与，使企业的每一个部门、每一个员工都注意提高自己的工作质量，从而提高产品质量。通过对员工进行培训，可促使质量观念深入人心，保障全面质量工作的顺利进行。

3. 建立合理化建议制度和健全的考核标准

JIT 重视人的因素，强调全员参与，认为企业的基层员工最了解管理中出现的问题。因此首先应该由他们提出解决方案。企业认可和采纳员工的意见，这不仅是对员工的尊重，而且员工提出的意见也会获得其他员工的支持。对于员工高质量的合理化建议，企业应给予比较高的物质奖励。这样就调动了员工参与的积极性。在绩效考核方面，制定相应的考核标准，针对员工在实施 JIT 时的表现来实行不同的奖惩措施。这样可以进一步调动大家的工作积极性，保证生产经营活动的顺利进行。

4. 企业加强与供应商的联合

JIT 生产方式对企业选择和控制供应商提出了很高的要求。工业企业必须加强在 JIT 环境下的采购管理。JIT 要求供应商必须在规定的时间，按照规定的质量和数量，生产原材料或零部件。企业与供应商及时交换生产信息，使双方可以随时了解对方的生产计划，据此制订自己的生产计划，确保 JIT 采购有秩序、有步骤进行。由于双方建立了一种长期的信任关系，就可以做到 JIT 式的交货，减少库存。

### （三）总结

海尔集团是海内外享有较高美誉的大型国际化企业集团，海尔“创立世界名牌”的国际化战略目标要求其持续批量产出高品质产品，而要实现大批量生产条件下产品质量的一致性，原材料供应是一个很重要的因素。因此，海尔集团实施 JIT 采购战略，获得最佳的原材料，以降低生产成本，提高产品质量，快速高效地提供优质的产品，不断满足市场需求和消费者的期望，从而提高产品竞争力。JIT 采购战略为海尔集团提高供应链管理水平也起到了巨大的作用，极大地提高了海尔集团的经济效益。

**案例分析与讨论题**

1. 海尔集团如何做到快速响应采购订单？
2. 降低库存的方式有哪些？
3. 实施 JIT 采购战略需要哪些前提条件？

# 第二节　基于 SWOT 分析的沃尔玛采购战略

## 一、案例背景

沃尔玛（Wal-Mart）公司由美国零售业传奇人物山姆·沃尔顿先生于 1962 年在阿

肯色州成立，公司总部所在城市地址是美国本顿维尔（Bentonville)。沃尔玛（Wal-Mart）公司是全世界零售业销售收入位居第一的巨头企业，素以精确掌握市场、快速传递商品和最好地满足客户需求著称，是著名的全球500强排行的冠军。其经营理念是“天天平价，始终如一”，核心价值观是“尊重个人、服务顾客、追求卓越”，核心使命是“帮助顾客省钱，让他们生活得更美好”。沃尔玛就是从厂家进货，加价后卖给消费者。销售的商品和大润发、家乐福类似。沃尔玛主要从事商品零售，采用低成本战略，使物流成本始终保持低位是沃尔玛这类廉价商品零售商的看家本领。在物流运营过程中尽可能降低成本，把节省后的成本让利于消费者，这是沃尔玛一贯的经营宗旨。

## 二、案例陈述

沃尔玛采购商品不是被动接受，而是积极主动、创新地去采购商品。比如说，在进行采购前，首先，沃尔玛会对各门店出售的商品进行具体分析，寻找最畅销、最优质的商品，保证这些商品不缺货也不滞销；其次，努力寻找自己的卖点，不盲目地进行采购，毕竟不是所有商品都是适合在这家门店售卖的。沃尔玛在采购供应商提供常规商品的同时，也会让供应商生产一些符合沃尔玛要求的商品，在门店进行销售。沃尔玛的采购战略大致可以分为以下三方面。

1. 永远不要买得太多

沃尔玛提出，减少单品的采购数量，能够方便管理，更主要的是可以节省营运成本。沃尔玛的通信卫星、全球定位系统（GPS）以及高效的物流系统使得它可以以最快的速度更新其库存，真正做到零库存管理，也使“永远不要买得太多”的策略得到有力保证。

2. 价廉物美

“沃尔玛采购的第一个要求是价廉物美”。在沃尔玛看来，供应商都应该弄清楚自己的产品跟其他同类产品有什么区别，以及自己的产品中究竟哪个是最好的。供应商尽可能生产出一种商品专门提供给沃尔玛。沃尔玛最希望以会员价的形式，给顾客尽可能多地提供在其他地方买不到的产品。

3. 突出商品采购的重点

沃尔玛一直积极地在全球寻找最畅销的、新颖有创意的、令人动心并能创造“价值”的商品，造成一种令人高兴、动心的购物效果，从而吸引更多的顾客。沃尔玛商品采购的价格决策和品项政策密不可分，它以全面压价的方式从供应商那里争取利润以实现天天低价；沃尔玛还跟供应商建立起直接的伙伴关系以排斥中间商，消除中间商的佣金，在保证商品质量的同时实现利润最大化。

## 三、案例分析

### （一）沃尔玛采购战略的分析

沃尔玛采购战略经过了多年的改进实施，积累了丰富的经验，但是面对市场的变化和消费者需求的多样化，目前的采购战略还不能完全满足沃尔玛的发展要求，以下用SWOT矩阵进行分析，对沃尔玛的采购工作提出建议。

1. 沃尔玛采购战略的优势（S）

（1）沃尔玛采购一直奉行的是低价且大规模化，通过集中采购来提高对供应商的议价能力。沃尔玛通过实施买断进货，并在固定时间结算，从而大大降低进货成本，增加了供应商配合的积极性。

（2）沃尔玛与供应商建立起直接的伙伴关系，通过直接向供应商订货，可以在保证商品质量的同时实现利润最大化。

（3）沃尔玛先进的信息技术和发达的物流系统使每一件商品的运输、销售、储存等物流信息都可以实时追踪。信息技术的应用同时也完善沃尔玛高效的采购过程，从而降低采购成本。

2. 沃尔玛采购战略的劣势（W）

（1）近年来由于受到全球金融危机的影响，欧美各国持续的经济衰退导致其国内购买力明显下降。作为沃尔玛采购的主要地区——中国，供应商却面临着订单数量锐减、通货膨胀严重、人工和原材料成本增加、劳动力不足的困境。由于资金压力，供应商不断要求提高商品价格，沃尔玛全球采办采购产品价格日趋缺乏竞争优势。

（2）对于全球供应商来说，沃尔玛在价格上一直是强势的态度，低价策略是沃尔玛一以贯之的经营方针。但是如果把压力都放到供应商身上，必然会造成与供应商关系的紧张，而供应商进一步就会以低质产品来应付，进而影响沃尔玛的产品销售业绩。

（3）因为沃尔玛零售的商品涵盖了多个行业，这就导致其在采购的专业性、产品线、价格等方面比起更加专注某一领域的竞争对手存在劣势。

3. 沃尔玛采购战略的机遇（O）

（1）全球经济衰退，欧美经济复苏没有起色，进一步降低了消费者的购买意愿。消费者更倾向于购买更廉价商品，给沃尔玛带来了又一次商机，这要归功于它对低成本战略的坚持。

（2）由于沃尔玛的采购业务主要在中国，中国的经济形势变化对沃尔玛采购战略的影响是举足轻重的。中国国内采购成本日益提高，沃尔玛通过拓展其他采购市场（如印度、越南、泰国），将带来大量的机会。

(3) 沃尔玛将口号由原来的“天天平价”转变成“省钱让生活更美好”，开始着手抢占高端细分市场。沃尔玛通过口号的转变，既满足了已有的消费群体需求，又发掘了原有消费群体的新需求和新的消费群体。沃尔玛之所以在美国改变口号与其在美国市场的份额等是有很大关系的。随着生活水平的提高，消费者越来越注意生活的内容、生活的质量、生活的舒适度，并不是完全采购低价的商品。

4. 沃尔玛采购战略的威胁（T）

(1) 沃尔玛的低价战略对同行业造成了冲击。其物品价廉物美，对同行来说是威胁，已成为所有竞争对手学习和赶超的目标。因此，沃尔玛一定也会受到同行业价格竞争的压力。

(2) 沃尔玛的集中采购灵活性差，不能满足沃尔玛在全球零售市场的采购特点。

(3) 美国零售业竞争激烈，随着各大零售商在中国纷纷成立采购中心，沃尔玛的采购价格优势也受到了挑战。

(4) 随着在线购物的兴起，人们足不出户就能享受低价而优质的产品。经营者可以减少经营和采购成本，让利于消费者。因此，沃尔玛的市场份额受到了一定程度的影响。

具体的 SWOT 分析如下表所示。

**SWOT 分析**

| S（优势） | W（劣势） |
|---|---|
| 低成本，大规模集中采购<br>直接采购<br>高效物流与供应链 | 主采购区面临成本上涨压力<br>海外供应商配合度低<br>低价策略受到冲击<br>采购产品专业性不具优势 |
| O（机会） | T（威胁） |
| 经济低迷造就廉价品商机<br>拓展其他海外采购市场<br>向高端细分市场渗透 | 竞争对手的价格战<br>集中采购灵活性差<br>采购价格优势降低<br>网络购物冲击传统零售市场份额 |

## （二）总结

沃尔玛多次蝉联世界 500 强之首，其经营理念是“天天平价，始终如一”。沃尔玛主要经营方式是低成本战略。一套完善的采购战略，是沃尔玛降低成本和保持低价所必备的，沃尔玛的采购战略大致可以分为以下三方面：永远不要买得太多、价廉物美、突出商品采购的重点。

**案例分析与讨论题**

1. 试分析我国企业借鉴沃尔玛采购战略的可能性及应注意的问题。
2. 沃尔玛如何制定全球采购战略？
3. 结合本案例，提出你认为沃尔玛的不足之处，并给出建议。

# 第三节　IBM的战略采购

## 一、案例背景

### （一）IBM简介

国际商业机器公司（International Business Machines Corporation，IBM）于1911年在美国创立，是全球著名的信息技术和业务解决方案公司，目前拥有全球雇员30多万人，业务遍及160多个国家和地区。作为计算机行业的先锋，IBM涉及计算机行业多个领域，在超级计算机、便携机、服务器等方面处于世界领先水平，一手打造了ThinkPad商务本的神话。2004年IBM将个人电脑业务出售给中国联想集团，这一行为标志着其正式从“海量”产品业务向“高价值”业务全面转型。

IBM的转型为公司注入了新鲜血液，同时暴露了很多问题。IBM公司通过对全球各分支机构的统计调查和研究分析，发现在采购、风险控制、媒介宣传、人力资源等各项运营开支中，采购成本占总成本的绝大部分。通过调研发现，IBM业务遍及多个国家和地区，不同地区的分公司、不同业务部门的采购大多各自为政，采购流程自成体系，采购人员的权限、采购环节各不相同，合同形式也五花八门，这些都给IBM的转型带来阻碍。

### （二）存在问题

IBM采购组织结构是典型的跨国公司的组织结构，同时设置多个与采购相关的部门，权力分立，如设立需求计划部、采购部、供应商管理部、供应物流部等。其中需求计划部负责采购计划安排，采购部负责谈判等商务活动；供应商管理部负责供应商开发和评估、供应商质量控制等工作；供应物流部负责采购相关的物料活动。这样便于工作的专业化。但是由于缺乏统一的管理部门和采购管理绩效评价体系，采购产品质量难以保证。再加上各分公司独立采购，失去了大批量购买的批量价格优惠；采购流程自成体系，对管理的要求更加严格，无形中增加了采购成本；信息的不通畅使得重复采购现象普遍，导致采购成本过高并且采购效率低下。这些问题大都源自IBM不完善的采购流程，IBM 采购流程如下图所示。

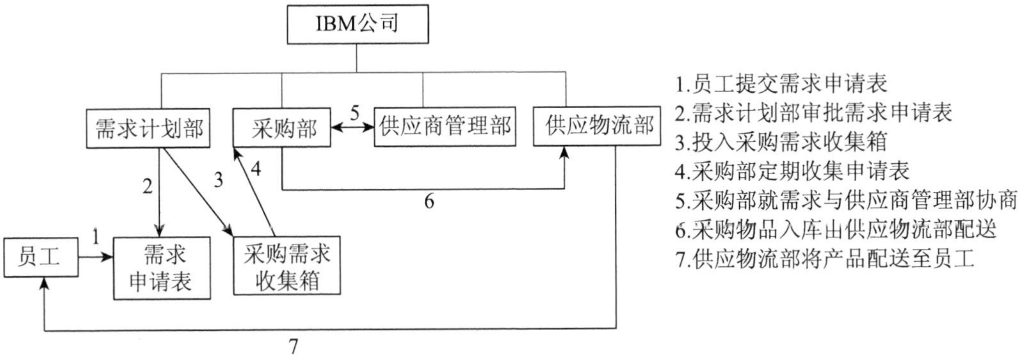


**IBM 采购流程**

## 二、案例陈述

IBM 正值转型发展的关键期，如何降低采购成本成为 IBM 面临的首要任务。IBM 针对目前存在的问题制定了采购战略，以期通过改变采购方式来帮助 IBM 平稳度过转型期。

### （一）战略制定

IBM 针对各分公司、各部门独立采购带来的重复采购问题和价格折扣的丢失，提出了与目前采取的采购方式完全相反的集中采购。集中采购是指同一企业内部或同一企业集团内部的采购管理集中化的趋势，即通过对同一类材料进行集中化采购来降低采购成本。

针对采购流程自成体系，流程烦琐等问题，提出采取电子采购的采购方式。电子采购是由采购方发起的一种采购行为，是一种不见面的网上交易，如网上招标、网上竞标、网上谈判等，人们把企业之间在网络上进行的这种招标、竞价、谈判等活动定义为 B2B，IBM 认为采取电子采购方式可以帮助 IBM 规范采购流程。

### （二）战略实施

经过比较，IBM 公司决定综合运用集中采购和电子采购方式，以降低采购成本。即首先进行组织结构的变革，设立集中采购管理部门；再由集中采购管理部门进行采购流程的变革。继而规范采购流程，设计电子采购管理系统，并组织实施。以最终实现采购流程的科学化、管理手段的现代化，提高采购工作效率，降低采购综合成本。

1. 组织结构的变革

IBM 公司成立了全球采购部，其内部结构按照国家和地区划分，开设了全球首席采购官（Chief Procurement Officer，CPO）的职位。组织结构的确立，意味着权力的确认。全球采购部集中了IBM公司全球范围的生产和非生产性的采购权力，掌管全球的采购流程的制定，统一订单的出口，并负责统一订单版本。

经过全球采购部专家的仔细研究，把IBM公司全部采购物资按照不同的性质分类，可将生产性的采购物资分为17个大类，非生产性的采购物资分为12个大类。每一类成立一个专家小组，由工程师组成采购员，他们精通该类产品的情况，了解每类物资的最新产品、价格波动、相应的供应商资信和服务。在具体运作中，“全球采购部”统一全球的需求，形成大订单，寻找最优的供应商，获得最大价格折扣，形成统一的合同条款。

2. 采购流程的完善

制定采购流程首先遇到的一个问题是采购物资如何分类，才能形成一张完整而清晰的查询目录？这一步工作的目标是使来自不同地区、具有不同习惯、使用不同语言的员工方便、快捷地查找到所需要的物品。IBM公司采购变革不在于订单的介质从纸张变为电子，人工传输变为网络，而在于采购流程的梳理。工程师们讨论过后，律师们也要“碰头”并讨论如何统一合同以及全球流程，从法律角度审查，怎样设计流程才能更可靠而且合法，怎样签订合同才能最大限度保护IBM公司的利益，又对供应商公平？同时，还要对不同国家的法律和税收制度留有足够的空间，适应本地化的工作。之后，全球的财务总监还要商计，采购的审批权限如何分割以及财务流程与采购流程如何衔接。

IBM公司采用电子采购的采购方式解决该问题，基于电子采购，IBM公司降低了采购的复杂程度，采购订单的处理时间已经降低到1天，合同的平均长度减少到6页，内部员工的满意度提升了45%。以2010年第三季度为例，IBM公司通过网络采购了价值277亿美元的物资和服务，降低2.66亿美元的成本。有近两万家IBM供应商通过网络满足IBM公司的电子采购。简化业务流程方案实施后，在5年的时间里，总共节约的资金超过了90亿美元，其中40多亿美元得益于采购流程方案的重新设计。

## 三、案例分析

2015年10月，IBM发布第三季度财报，公司营收192.8亿美元。2018年6月，福布斯全球企业2000强榜单发布，IBM排名第67位。这一系列数据表明实施战略采购帮助IBM平稳度过其转型期，使其再获成功。

### （一）战略评价

在IBM实施的战略采购中，基于IBM现状，主要采取的是集中采购与电子采购相结合的方式。

1. 集中采购

集中采购的优点是订货批量大，能获得较大的价格折扣，并且可通过规模经济效益降低采购成本；同时可以减少流程中的采购人员数量，便于对人才进行培养与训练；

降低整个企业的储备，避免分散的库存，加速资金周转；集中下料，降低损耗，材料利用率高；技术力量强，专业性强，有利于择优选购，保证质量；外地区批量运输，减少进料费用。

但是，集中采购的缺点也不容忽视。增加管理环节，不适于紧急情况下的采购；非共同性物料集中采购，并无折扣而言；采购与使用单位分离，不利于规格确认等；价格方面容易产生矛盾等。

对 IBM 来说，集中化的采购方式更便于发展战略性的、作为合作伙伴的商业关系，这一点对生产性采购尤为重要。统一的流程、标准的单据意味着更公平的竞争，意味着有更多优质的供应商愿意与其建立长期合作伙伴关系，达到双赢的目的。

2. 电子采购

事实上，大家所熟知的 B2B 只是电子采购的一个组成部分。电子采购比一般的电子商务和一般性的采购在本质上有了更多的概念延伸，它不仅完成采购行为，而且利用信息和网络技术对采购全程的各个环节进行管理，有效地整合了企业的资源，帮助供求双方降低了成本，提高了企业的核心竞争力。其优点是可以降低采购成本，缩短采购周期，提高采购质量，透明采购流程，帮助企业塑造良好的企业形象。其缺点是缺乏科学的解决方案，缺乏有效的本土供应商，网络基础设施不完善，早期投入成本高，缺乏运作人员。

现在 IBM 公司全球的采购都集中在该电子采购系统之中，而该部门只有 300 人。IBM 公司采购部人员总体成本降低了，员工出现了分流：负责供应商管理、合同谈判的高级采购的员工逐渐增多，而执行采购人员逐渐电子化、集中化。新的采购需求不断出现，改革也将持续下去。

### （二）总结

随着生产经营状况的发展，采购的地位正在逐渐上升，随之而来的是采购方式的转变。IBM 公司过去采取“传统方法”进行采购，在特有的年代可以帮助 IBM 寻找到合适的供应商、采买到合适的原材料。但是必须承认，这种方法在当今社会已经落后，甚至是不适用于如今的采购。幸运的是，IBM 及时发现问题的症结所在，通过严密分析实施战略采购，很显然，IBM 成功了。

**案例分析与讨论题**

1. 试分析我国企业借鉴 IBM 公司采购战略的可能性及应注意的问题。
2. 集中采购和电子采购的适用条件，并说明理由。
3. IBM 公司如何开展战略采购？

# 第三章　供应商管理

## 第一节　M 公司的供应商分类

### 一、案例背景

#### （一）M 公司的基本信息

M 公司是 T 集团的子公司之一，公司规模不大，员工 1000 人左右，公司主要以生产制造为主，主要的产品是 IC（集成电路）封装基板，主要的客户来自全世界排名前几位的移动电话的品牌商，公司创建的前几年，业务发展比较慢，一直处于亏损的边缘。从 2011 年开始，公司的业务有了长足发展，原本每月亏损三四百万元，现在每月盈利可以达到四五百万元，员工人数也在逐步增加。

随着公司业务的不断增长，现在的公司组织增加到 13 个部门，分别是总经理室、人事部、采购部、生产制造部、项目部、计划物控部、财务部、设备动力部、研发部、制造工艺部、品保部、市场部、进出口部。每一个部门均设立部门经理和业务主管各一名。M 公司的组织架构如图 3－1 所示。

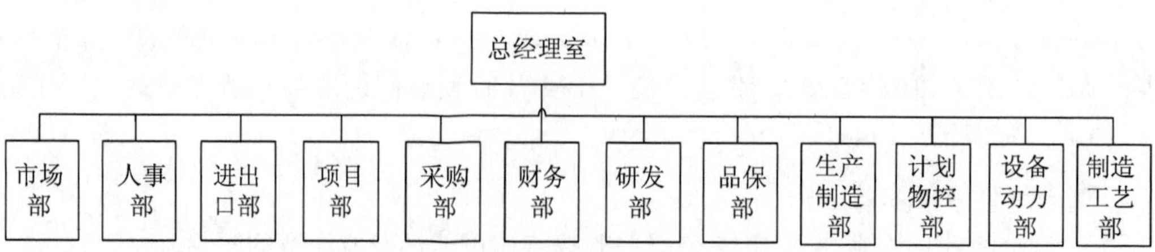


**图 3－1　M 公司的组织架构**

#### （二）M 公司采购的产品

由于 M 公司的最终出货产品是 IC 封装基板，在印刷电路板行业，这种 PCB（印刷电路板）属于比较高端的印刷电路板，对原材料有一定的技术要求，必须要从国外进行购买，国内厂商的技术能力已经无法满足。如油墨和锡膏，都必须从日本进口，国内虽然也有类似的原材料，也试过几次，就是技术参数达不到要求。再如等离子清洗，国产的设备就是很难满足要求，国外的设备品质比较好，但是配合度比较差。当然，并不是所有的材料都要依赖进口，绝大多数的材料和工艺外发都采取本地化采购，特别是一些生产工序外发的部分，都是就近寻找厂商，距离越近越好。

虽然本地化采购可以节约运输时间，增加生产输出，但是M公司对于材料有其技术要求，本地厂商有时并不能满足生产的需要，会出现品质问题或其他异常。

M公司的整体规模并不是太大，整体的产能相当有限，采购的产品种类比较多，要求不同，虽然可供选择的供应商有很多，但是处于混乱的状态，没有对这些供应商进行明确的分类。为了提高采购效率，降低成本，应对供应商进行分类，以便选择最合适的供应商，增加利润。

## 二、案例陈述

供应商分类的方法有很多种，按照不同的标准有不同的分类方法，如按所供商品、供货量、与供应商合作的稳定性、对本公司的重要程度、交易金额分类等。M公司根据本公司的采购现状，按照以下三种方法对供应商进行分类。

### （一）按照材料

A类材料，也称直接材料，主要是覆铜板、半固化片、铜箔、油墨；它们是组成M公司产品的最直接的材料，一旦这些材料出现任何异常，比如品质问题，将会给M公司带来严重后果，并且对这些材料进行替换将是一件非常难的事情，不但要进行严格的测试，还需要得到客户的认证。

B类材料，也称间接材料，但这类材料比一般意义的间接材料显得更为重要一点，虽然它们不是组成M公司产品的最直接的材料，但它们是M公司产品的生产过程中，起关键性作用的材料。换句话讲，就是M公司产品的制造过程中不能缺少这类材料，它们的异常将会导致M公司产品的异常。这类材料在M公司一般是指：一些专用的化学药水，如水平电镀线的安美特药水、沉金线的镍把金药水；一些重要的试剂，如金盐等；一些干膜，如日立的干膜等。因此，替换此类材料也需要比较严格的测试。

C类材料，这类材料主要是一些标准件或在市场上比较容易购买到，替换的材料也比较容易购买到，更换这类材料一般不需要严格的测试，它们出现异常对M公司的产品也不会导致严重的品质异常等。这类物料在M公司主要是指：生产中常规的一些药水，如过氧化氢、冰醋酸等；处理三废的药水，如氢氧化钠、盐酸、硫酸等；一些包装材料，如纸箱、出货用的黑盒子等。

另外需要补充的一类是 MRO（Maintenance，Repair，Operation，维护、修理、操作）类。这类材料主要是设备维护所用的工具、生产设备和检验设备本身、与生产设备相关的机械性备件、经常要用的各种五金件、各种泵浦、劳动保护用品、办公文具用品等，在 M 公司主要是指 CCD（电荷耦合元件）电测试机、普通电测试机、锡球外观检测机。

### （二）按照双方合作

认证供应商，主要指其产品当前正被 M 公司所用，之前已经测试通过的合格材料，且这类供应商的品质控制体系、生产运营体系都达到 M 公司的要求，它们已经被列入 M 公司的已认证系统之中。

待认证供应商，实际上这类厂商所在的范围最大，当遇到客户新的工艺要求或者对当前工艺进行新的改造，就需要寻找新的材料，也就有可能找到新的供应商，这类供应商也包括正在进行小批量测试的待测试供应商，而且这类供应商，在大多数情况下会被转换成 M 公司的认证供应商。

禁止的供应商，这类供应商主要包括两种：一种是出现严重或反复的品质问题不能彻底解决的，并被取消认证供应商资格的供应商；另一种是在商务合作上存在欺诈行为而被取消认证供应商资格的供应商，显然这类供应商的范围一般较小。

### （三）按照交易金额

M 公司需采购的原材料有很多种，每种原材料供应商的交易金额比例相差很大。M 公司供应商交易金额比例如图 3－2 所示，与金盐供应商的交易金额所占比例最多，占 48%；与覆铜板供应商的交易金额占 18%；与药水供应商的交易金额占 14%；与半固化片供应商的交易金额占 11%；与油墨、铜粒供应商的交易金额都是占 2%；其他各种原材料的交易金额占采购金额的比例很小，大约各占 1%。

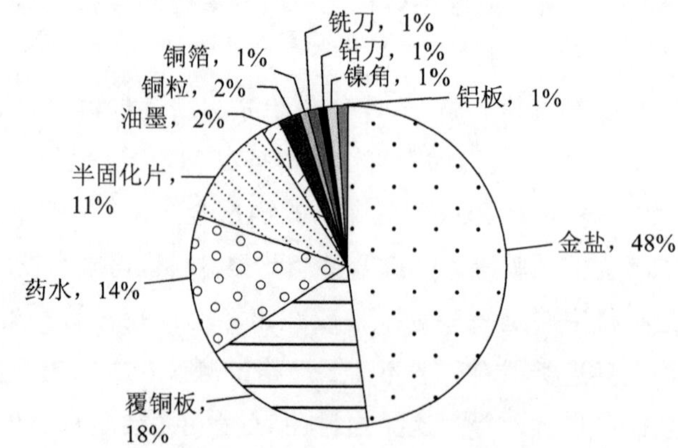


**图 3－2 M 公司供应商交易金额比例**

## 三、案例分析

### （一）供应商分类分析

1. 按照材料对供应商分类分析

在这种供应商分类方法中，主要从材料对M公司产品的重要层面对厂商进行分类，并且使用不同的管理策略去管理不同的供应商。A类材料最为重要，因此对其管理也是最严格的，对于厂商而言，进入的门槛也是最高的，A类材料的变更或者新增，必须经过工艺、品质、技术等部门共同测试认证后，并得到客户的认可后，才可变更或使用。对于A类材料而言，每次在进料检验时，抽样的比例远大于B类和C类材料，以保证材料的品质。另外，在对提供A类材料的厂商的技术实力、生产制程控制能力的要求方面，也比B类和C类材料的厂商要求严格。B类、C类，以及MRO类材料的供应商，虽然没有像A类材料厂商那样重要，但是对它们的要求，也要符合M公司的标准。显然，对C类和MRO类材料的供应商的要求，是低于A类和B类材料供应商的。

当对所要采购原材料的质量、数量、管制要求有一定的等级区别，对材料的重视程度也有明显的区分时，应该选择这种分类方法对供应商进行分类。

2. 按照双方合作对供应商分类分析

这种供应商的分类方法，反映的是从材料供应商与M公司的关系层面上，如何进行供应商的分类，以利于M公司对供应商进行管理。对于认证供应商，必须经过M公司的严格考察和审核，包括质量体系、生产制造过程等方面的审核。在M公司的所有供应商中，经过认证的供应商是所有供应商管理中的重点，这类供应商的价格情况、品质状况、交期状况以及服务水平都要每月进行监控。一旦任何方面出了问题，都必须在最短的时间内解决，否则将会直接影响M公司的正常生产运营。对于待认证供应商，采购部门、品质部门等已经对其进行了基本的考察和一些小批量的测试，这类供应商很可能也会最终被认证，成为认证供应商；对于它们而言，后续大批量测试时，包括送样品给M公司的客户进行认证，一旦通过，这类厂商将会直接成为认证供应商；测试失败将不会成为M公司的认证供应商，在未来也不会给M公司进行供货。禁止的供应商，就是M公司黑名单上的供应商，M公司跟它们已经没有任何的合作，它们进入这份黑名单，大多数是由于某种原因，并且M公司的所有兄弟公司也不会与这类供应商合作，M公司更不会对这类供应商进行管理。

当供应商的价格情况、品质状况、交期状况以及服务水平等对采购需要有明显的差别，应该选择这种分类方法，以便明确供应商的管理重点，从而采取不同的管理方法对供应商进行分类管理。

3. 按照交易金额对供应商分类分析

按照交易金额的分类方法，交易金额的大小在一定程度上反映了供应商与M公司在某段时间的交易状况。对于交易金额大的供应商，可以要求其当前进行降价，并且提供后续的降价计划，建立长期的合作关系；对于交易金额较小的供应商，可以用货比三家的方式促成价格竞争状态，进行比价，以达到减少成本的目的，对这类供应商其他方面的要求则较少。

若采购材料的交易金额有很大区别，就可以按照这种分类方法对供应商进行分类，根据M公司与供应商的交易状况来决定管理方式。

### （二）总结

通过对M公司的供应商分类管理的研究，根据原材料本身和供应商呈现出的特点，选择合适的分类方法，让M公司的采购人员修正原先的对供应商的管理观念，改进对供应商的管理方法，提高供应商管理水平，进而提高M公司整个运营过程的效率，降低成本，增加利润，使得M公司对供应商的管理不再盲目，而是更加科学、合理地利用供应商做好生产物料的工作、做好外发加工的配合工作、做好租赁设备的服务工作。同时，也改变了M公司其他部门对供应商分类管理策略的偏见，与采购部门一起管理好目前所有的供应商。

**案例分析与讨论题**

1. M公司供应商管理中存在什么问题？
2. 供应商分类方法有哪些，各有什么优缺点？
3. 查询资料，思考M公司进行供应商分类的作用？

# 第二节　惠而浦在全球采购中的供应商选择

## 一、案例背景

### （一）基本信息

惠而浦（Whirlpool）是全球最大的家用电器制造商，公司成立于1911年，总部设在美国密歇根州，那时公司名称是尤浦顿机器公司，第一件产品是电动马达驱动的扭绞式洗衣机。1916年改名为1900洗衣机公司，1950年产品增加了干衣机，同年正式改名为惠而浦。1991年惠而浦宣布全面收购飞利浦大型家用电器系列从而成为全球最具规模的大型白色家电制造商，2007年收购了北美市场第三大家电制造商Maytag（美泰克)，惠而浦从而以 10.8%的全球市场份额在家电行业里稳居榜首。产品囊括了洗衣机、干衣机、冰箱、洗碗机、微波炉、空调、厨房电器等主要的家电产品，旗下众多品牌在 170 多个国家进行销售，年销售额超过 180 亿美元。

惠而浦在全球拥有 47 个生产基地、26 个研发中心、4 个设计中心，分别位于美国、加拿大、德国、法国、意大利、中国、巴西和印度等 13 个国家。年产出 6000 万台家用电器产品，其中 70%在美国和墨西哥市场销售，20%在欧洲市场销售，拉丁美洲和亚洲的销售量也正在逐渐上升。

### (二) 供应商现状

惠而浦通过多年的经营，规模不断扩张，从开始的只有美国的一个工厂到现在拥有全球 47 间工厂，惠而浦在打造自己家电领域霸主地位的同时也忽略了供应商管理方面的诸多问题。

惠而浦目前的供应商数量太多导致其无法进行有效管理。在 1990 年以前，惠而浦的采购组织中并没有全球采购这一角色，所以各地区的工厂各自为政，供应商的选择主要由研发工程师来决定，而研发设计人员没有经过专业的采购训练，往往过分注重产品的质量和服务，忽略成本以及供应链风险，导致供应商大多集中在每个研发中心附近区域，供应商综合能力参差不齐。加之并购过来的工厂有其他的供应链，构成了惠而浦庞大的供应商体系，在 2002 年前后，全球供应商数量一度达到 8000 个。直到 2002 年在上海成立“跨国采购促进中心”，惠而浦才真正地在全球范围内有了国际采购组织，与此同时，在美国、墨西哥、意大利、巴西、中国以及印度的六个国际采购中心的共同努力下，惠而浦在 2008 年全球的供应商数量终于降到了 5000 个左右，但是以惠而浦现在的采购组织根本无法有效管理如此庞大的供应商体系。

在众多供应商中存在大量的同质供应商，导致同一个零部件有很多供应商同时在供货，每个工厂都按照自己的需求选择适合的供应商，每个研发工程师都选择自己喜欢的供应商，导致无法发挥规模经济优势。例如，最普通的印刷电路板，全球采购金额每年只有 3000 万美元，而供应商却有 60 个之多，排在前三位的供应商分别占 5%、4%、3%的份额，过于分散的采购降低了公司对供应商的吸引力，结果就是惠而浦虽然有巨大的采购量，但是供应商并不把其作为重要客户来服务。

## 二、案例陈述

随着家电行业竞争趋于白热化，越来越多的家电业巨头出现在市场上，市场集中度越来越高，日本的松下（Panasonic)、东芝（Toshiba）已经逐步淡出白色家电市场，北美的惠而浦（Whirlpool)、通用（GE)，欧洲的伊莱克斯（Electrolux)、西门子（Siemens）正在遭受盈利能力滑坡的考验，韩国的 LG、三星（Samsung）逐步侵入北美市场，中国的海尔、美的逐步崛起，这一切都标志着家电行业已经进入了市场成熟期。为了能够在家电行业里继续生存下去，惠而浦必须加强在全球采购中对供应商的选择。

### （一）供应商选择的标准

惠而浦进行全球采购已经有许多年，它在北美、南非、欧洲及亚洲的所有生产厂家中，整合产品设计、开发、采购、制造等，形成了一个低成本、高产出的部门。全球采购的目的是以开发和管理供应商为基础，使惠而浦在每个地区都占有竞争优势。根据QCDS（质量、成本、交付、服务）的标准，在全球采购网站上向有意成为惠而浦供应商的公司提出了一系列要求。

（1）在质量方面，惠而浦把质量因素看作最重要的选择标准。先要确认供应商是否建立有一套稳定有效的质量保证体系，体系是依据国际标准ANSI/ASQC Q90—94、ISO 9000、QS 9000以及惠而浦的特殊要求而制定的。然后确认供应商是否具有生产所需特定产品的设备和工艺能力。

（2）在成本方面，要运用价值工程的方法对所涉及的产品进行成本分析，并通过双赢的价格谈判实现成本节约，而且惠而浦为每一个供应商提供年度预算计划、利润计划和成本计划。

（3）在交付方面，要确定供应商是否拥有足够的生产能力，人力资源是否充足，有没有扩大产能的潜力，技术与工程能否支持不断创新。

（4）在服务方面，重视对供应商售前、售后服务的记录，以便后期参考使用，提升服务能力。

### （二）全球采购中供应商选择的流程

目前惠而浦已经能够有效地管理自己庞大的供应商体系，消除了大量同质化的供应商，并且吸引优秀的供应商主动与之合作，在保证采购量的同时，发挥出规模经济优势，力求在全球都能保证有大量优秀的供应商资源。惠而浦实现这些，是因为在满足供应商选择的原则的前提下，实施了一套完善的供应商选择流程。在清楚地了解了公司内部的需求后，采购人员开始选择供应商。

1. 市场分析

对特定的分类市场进行竞争分析，了解市场的领导者，掌握市场的发展趋势，明确各大供应商在市场中的定位，从而对潜在供应商有一个大概的了解。公司的全球采购部还应该为每一个类别的零部件建立供应商数据库。按照惠而浦的采购组织架构应分为电子部件、机构部件、基础金属、塑胶原材料四大类。然后每个大类下再做细分，比如电子类中可进一步分为电路板、电阻、电容、电感、二三极管、集成电路等；机械类细分为塑料件、金属件、包装用品等；如果有个别多元化经营的供应商跨越两个或多个大类，则应该重点管理，因为这类供应商很可能是潜在的战略合作伙伴。

惠而浦在过去几十年的经营中已经累积了大量的供应商资源，但是这些宝贵资源并没有被充分利用。当一个新的需求产生时，各地的研发工程师和采购人员还在为找不到供应商而苦恼，而众多优秀的亚洲供应商无缘进入欧洲和北美的采购范围，欧洲和北美的工厂被迫接受本地供应商的高价格、灵活性较差的服务。惠而浦之所以陷入如此境地，最主要的原因是惠而浦的全球采购没有建立自己的供应商数据库，或者说没有在全球范围内建立统一的数据库，各个地方、各个事业部之间的信息共享管道不通畅。

2. 寻找潜在供应商

了解了市场的状况之后，下一个步骤就是寻找潜在供应商了。经过对市场的仔细分析，可以通过各种公开信息和公开渠道得到供应商的联系方式。这些渠道包括供应商的主动问询和介绍、专业媒体广告、互联网搜索等。惠而浦使用了统一标准的供应商信息登记表来管理供应商提供的信息。这些信息包括供应商的注册地、注册资金、主要股东结构、生产场地、设备、人员、主要产品、主要客户、生产能力等。通过分析这些信息，可以评估其工艺能力、供应的稳定性、资源的可靠性以及综合竞争能力。在这些供应商中，剔除明显不适合进一步合作的供应商后，留下来的供应商会被要求签署保密协议等一系列公司要求的文件。

3. 实地考察

组织审核团队对供应商进行实地考察。供应商审核团队应该包括采购部门、质量部门和技术部门的成员，他们不仅会带来专业的知识与经验，共同审核的经历也会有助于公司内部的沟通和协调。在实地考察中，使用统一的评分卡进行评估，并着重对其管理体系进行审核，从质量控制和可靠性、设计研发能力、供应链管理能力、客户满意度、成本竞争力、公司经营战略几个方面对供应商进行全面考察。在考察中要及时与团队成员沟通，在结束会议后，总结供应商的优点和不足之处，并听取供应商的解释。如果供应商有改进意向，可要求供应商提供改进措施报告，做进一步评估。

4. 确定供应商

在供应商审核完成后，对合格供应商发出询价文件，一般包括图纸和规格、样品、数量、大致采购周期、要求交付日期等细节，并要求供应商在指定的日期内完成报价。在收到报价后，要对其条款仔细分析，对其中的疑问要彻底澄清，而且要求用书面方式作记录，包括传真、电子邮件等。后续工作是报价分析，报价中包含有大量的信息，如果可能的话，要求供应商进行成本清单报价，要求其列出材料成本、人工、管理费用等，并将利润率明示。价格谈判是一个持续的过程，每个供应商都有其对应的学习曲线，在供货一段时间后，其成本会持续下降。与表现优秀的供应商达成策略联盟，促进供应商提出改进方案，以最大限度节约成本。

## 三、案例分析

### （一）供应商选择的重要意义

在全球采购中，以开发和管理一个供应商为基础，使惠而浦在每个地区都占有竞争优势。面对众多供应商，惠而浦有一套完善的供应商选择流程，因此最终可以选择到合适且优秀的供应商，并能与供应商建立一种长期的、信息共享的、风险与收益共担的持续合作关系。

（1）清楚了解市场需求，正确对待自身定位，有益于在全球竞争中保持持续竞争力。并有利于惠而浦与供应商的相互合作，保证产品质量、降低产品成本、加快产品创新、提高供应商的快速反应能力。

（2）保证供应商供货顺畅，进而提高生产效率，降低交易和管理成本，按期交货。

（3）由于在全球采购中，惠而浦和供应商之间建立在相互信任、相互合作的长期伙伴关系的基础上，这大大减少双方交易谈判的时间和次数，降低了交易管理成本。

（4）有利于形成较好的信息沟通和及时的信息反馈的机制。惠而浦和供应商通过较多的信息交流，提高了双方共同应付市场需求变化的能力。

（5）通过与有核心竞争力的供应商合作，除了获得成本竞争优势以外，还能缩短供应商的供应周期，提高供应的灵活性，一起参与早期的产品设计，从而分散风险，快速研发出满足市场需求的产品，提高自身的技术竞争能力。

### （二）总结

惠而浦公司作为家电行业的领导者，拥有百年的历史，在北美和欧洲的家电市场上叱咤风云，能够充分体现家电行业的特点，作为世界500强的跨国公司又体现出大型跨国公司的文化。本案例对惠而浦公司的分析和研究，结合了家电行业的特点和发展趋势，对全球采购中供应商的选择及管理进行了分析，在理论与实际相结合的基础上提出的系统解决方案具有很好的可操作性，并分析了惠而浦对供应商选择的重要性，给其他企业以很好的展示。

从惠而浦的供应商选择和评估的过程来看似乎没有什么大的缺陷，但是如果从实际操作结果来看其中存在很多需要改善的地方，其中最主要的一点就是惠而浦的全球采购部门没有发挥应有的统筹规划作用，导致在供应商选择上有许多低效率的工作。如果要这一点上有所加强，就必须构建一个全球采购的统一平台，让全球采购发挥更大的作用。

**案例分析与讨论题**

1. 结合惠而浦的实践，谈谈企业如何有效选择供应商？

2. 在选择供应商的过程中，会遇到哪些常见的问题，如何解决？

3. 本案例对其他企业有什么启示？

# 第三节　TCL 公司供应商评估

## 一、案例背景

TCL 是全球化浪潮中新兴的中国力量，TCL 是 Today China Lion 三个英文单词首字母的缩写，意为今日中国雄狮。TCL 集团股份有限公司（以下简称 TCL 集团）创立于 1981 年，是全球化的智能产品制造及互联网应用服务企业集团。其前身是中国首批 13 家合资企业之一——TTK 家庭电器惠州有限公司，从事录音磁带的生产制造，后来拓展到电话、电视、手机、冰箱、洗衣机、空调、小家电、液晶面板等领域，是一家从事家电、信息、通信、电工产品研发、生产及销售，集技、工、贸为一体的特大型国有控股企业。集团现有 8 万多名员工，23 个研发机构，21 个制造基地，在 80 多个国家和地区设有销售机构，业务遍及全球 160 多个国家和地区。经过多年的发展，TCL 集团现已形成了以王牌彩电为代表的家电、通信、信息、电工四大产品系列，并开始实施通过王牌彩电为龙头的音视频产品和以手机为代表的移动通信终端产品的发展来拉动企业增长的战略。

TCL 王牌电子（深圳）有限公司（以下简称 TCL 公司）于 1992 年进入彩电行业，刚开始的供应商评估工作是由供应方即惠州长城公司来做的。1996 年，TCL 公司具备了生产条件之后才自行开展供应商评估工作。供应商评估工作在企业实施稳定的供应商合作关系、保证产品质量、降低生产成本、提高经济效益等方面发挥着巨大的作用。目前，市场竞争日趋激烈，TCL 公司目前虽然有自己的供应商评估体系，但是在评估过程中存在一些问题，要想在竞争异常激烈的彩电行业一直占据高位，就必须不断完善自己的供应商评估体系，保证持续拥有优秀的供应商。

## 二、案例陈述

### （一）供应商评估的现状

（1）TCL 公司对评估的供应商分为两类：一类是现有供应商；另一类是新的潜在供应商。由于 TCL 公司在行业内是较为领先的企业，因而会对供应商进行严格评估，然后选择在行业内很优秀的供应商。对现有供应商，每个月进行必要调查，1～2 年做一次现场评估。为了彼此的利益，TCL 公司与长期合作的现有供应商建立良好稳定的合作关系。晏华斌说："产品合格率基本上可以做到100%，交货期也一样。"

(2) 接纳新的供应商，其评估过程要复杂一些。公司采购部经理孙敏说："通常是产品设计提出了对新材料的需求，我们就会要求潜在的目标供应商提供基本情况，内容包括公司概况、生产规模、生产能力、企业供货情况、ISO 9000认证、安全认证、相关记录、样品分析等，然后就是报价。"根据情况，评估小组组长对这些公司进行筛选，决定哪些目标供应商理论上是合格的，最后还要根据现场考察结果来决定。

(3) 公司还要对该供应商做一个初步的现场考察，看看所说的和实际情况是否一致，最后汇总这些材料交予管理小组讨论。在对供应商进行资格认定之后，公司各相关部门，如品质部、部品部、采购部等再进行正式考察。如果正式考察后没有问题，就可以小批量供货了。供货期考察一般进行3个月，若没有问题，再增加数量。

### （二）存在问题

(1) 在实施供应商合作关系的过程中，市场需求和供应的变化很快，虽然对现有供应商进行调查，但是还是本着追求供应商团队稳定的前提来进行，因而会使调查过程存在很多纰漏。

(2) 现场评估的时间间隔太长，会有很多问题不能及时被发现，上一阶段合格的供应商不能代表一直是合格的。

(3) TCL公司在供应商评估工作中存在个人权力太大、一人说了算的现象，主观成分过多，容易产生消极的后果。

(4) 供应商选择的标准不全面，大多只集中在评估要素的某一方面，如产品质量、价格、交货准时性和批量等，没有形成一个全面的供应商评价指标体系，不能对供应商做出全面、具体、客观的评价。

## 三、案例分析

### （一）TCL公司的供应商评估的优化方案

1. 动态评估

在实施供应商合作关系的过程中，市场需求和供应都在不断变化，必须在保持供应商相对稳定的条件下，根据实际情况及时修改供应商评价标准或重新开始新的供应商评估。对供应商做出系统全面的评价，还必须有一套完整、科学、全面的综合评价指标体系。供应商综合评价的指标体系是企业对供应商进行综合评价的依据和标准，不同行业、企业、产品需求、环境下的供应商评价应是不一样的。对供应商进行综合评价，需要建立评价指标体系，通常要确定评估的专案、评估的标准、要达到的目标。这些问题明确以后，要成立一个评估小组。不过，不一定每一个专案都要有一评估小组，一个小组可以负责某些专案。TCL公司目前有10个评估小组，包括部品采购类、生产设备类、检测设备类、后勤设备类、动力设备类等，并针对每一类都制定了相应的管理办法。

TCL 公司有一个基本思路，合格的供应商队伍不应该总是静态的，而应该是动态的，这样才能引入竞争机制。徐洪涛说："要淘汰差的，引入好的，这是一个动态的概念。"TCL 公司的供应商基本上是行业内的翘楚，也几乎都是主动找上门来，希望能成为 TCL 公司的供应商。这也体现了市场经济的特点。徐洪涛说："不管我们处在怎样的环境，都遵循一个原则，就是希望我们发展，供应商也发展。我们希望和优秀的供应商一起发展。"

2. 重视评估的关键要素

在所有的评估要素中，毫无疑问，质量是最基本的前提。如果产品质量过不了关，就没有再评估的必要了。"我们要求自己的产品质量要满足客户的需求，所以就要保证我们的供应商提供的元器件能满足我们的品质要求。"徐洪涛说，"价格因素相当重要，但只有在质量得到保证的前提下，谈价格才有意义。"

目前，TCL 公司的供应商基本能做到 100％的产品合格率，因此，价格就成了评估的主要因素。TCL 公司会要求新的供应商提供一个成本分析表，内容包括生产某一元器件由哪些原材料组成、费用是如何构成的、可调整的价格空间还有多少，如果认为有不合理的因素在里面，就会要求供应商进行调整。

3. 消除个人独断

在我国，供应商的个人情况也被列为要素之一。我国企业的经营者素质参差不齐，所以，对经营者个人进行评估，在实际操作中的确有一定难度，只能从与经营者接触的过程中去考察。另外，经营者在行业中的口碑也有一定的参考价值，但很难有一个统一的标准。所以，在进行供应商评估时，要综合考虑各种因素，选择优秀的供应商，这样才能以较低的成本生产出高质量的产品，共同获取较高收益，达到双赢的效果。

### （二）总结

TCL 公司为了在激烈的市场竞争中保持自己的领先地位，需要保证产品质量、降低生产成本、提高经济效益等，那么选择合适的供应商变得至关重要。显然 TCL 公司已看到供应商评估的重要性，把供应商评估纳入运营过程中一个必需的节点。而想要与优秀供应商保持长期合作，评估应是动态不可间断的。

**案例分析与讨论题**

1. TCL 公司供应商评估过程中还应考虑哪些因素？
2. 在 TCL 公司供应商评估中，存在哪些不足之处？请给出修改建议。
3. TCL 公司进行供应商评估的重要性有哪些？

# 第四节　海尔对供应商的激励

## 一、案例背景

海尔集团于1984年3月24日成立，经营范围包括家用电器、电子产品、通信器材、电子计算机及配件、普通机械、厨房用具、工业用机器人制造等。海尔坚持以用户需求为中心的创新体系驱动企业持续健康发展，从一家资不抵债、濒临倒闭的集体小厂发展成为全球著名的家用电器制造商之一。

根据世界权威市场调查机构欧睿国际（Euromonitor）发布的2016年全球大型家用电器品牌零售量数据显示：2016年海尔大型家用电器品牌零售量居全球第一，这是自2009年以来海尔第8次蝉联全球第一。同时，冰箱、洗衣机、酒柜、冷柜也分别以大幅度领先第二名的品牌零售量继续蝉联全球第一。海尔在全球有10大研发中心、21个工业园、66个贸易公司、143330个销售网点，用户遍布全球100多个国家和地区。

## 二、案例陈述

海尔走出中国，走向世界，并取得不错的成绩，这一切都离不开海尔对供应商的激励。一个企业如同一个人一样，也有需要、行为、动机和目的，有心理活动，也有惰性，因而也需要激励。供应商激励主要有以下几种激励模式：价格激励、订单激励、商誉激励、信息激励、淘汰激励、新产品/新技术的共同开发、组织激励。海尔集团在和供应商的长期合作中，通过不断学习总结，形成了一套自己的供应商激励方法，从价格激励、订单激励、信息激励、组织激励四个方面进行激励。

(1) 价格激励。在评估和选择供应商时，价格是一项重要的指标，使得供应商在报价时尽量降低价格，以此来争取到合作机会。海尔在综合其他因素的情况下，优先选择价格低的供应商，这样海尔每年大约可以节省5%的成本。

(2) 订单激励。海尔集团原有2000多家供应商，整合后供应商数量减少到900多家，且多家实力强大的世界500强企业成为海尔的供应商。这些供应商每年为获得不菲的订单，都把海尔作为它们的大客户，并派专人或成立合作小组专门负责与海尔的合作业务。

(3) 信息激励。利用数据库、信息资料、宣传媒介与供应商信息共享，在运营过程中，能及时获取需求的信息，保持企业运营顺畅，并且定期公开合作过程中的成绩与不足，明确双方的目标，共同进步。

（4）组织激励。重新定位与供应商之间的关系，把双方由供需关系上升到以订单为中心的战略合作伙伴关系，变买卖关系为双赢关系。为真正实现双赢的原则，减少供应商数量，集团采购人员减少1/3，成本每年环比降低7%左右；实施统一的园区规划，将争取到的政府给海尔各工业园税收、土地购买等各方面的优惠政策全部转让给分供方，以达到共同发展。

## 三、案例分析

海尔采取了一些有效的激励机制，用于维持良好的供应关系，在采取这些激励手段时，会产生哪些效果呢？

### （一）海尔供应商激励的效果

（1）企业间的利益分配主要体现在价格上。价格显然对供应商有激励，高的价格能增强供应商的积极性，不合理的低价会挫伤供应商的积极性。海尔与供应商利润的合理分配有利于双方合作的稳定和运行的顺畅。但是，价格激励本身也隐含着一定的风险，即逆向选择的问题。在挑选供应商时，如果过分强调价格，选择价格低的供应商，而将整体水平更好的企业排除在外，这会影响产品的质量、交货期等。

（2）供应商获得更多的订单是一种极大的激励。如海尔有多个供应商，多个供应商之间的竞争来自海尔的订单量，更多的订单量对供应商来说是一种激励。

（3）在信息时代，信息对企业意味着生存。企业获得更多的信息，意味着企业拥有更多的机会、更多的资源，从而获得激励。如果能够快捷地获得本企业的需求信息，主动采取措施提供优质服务，这样必然使合作方的满意度大为提高。在新的信息激励下，供应商及时获取信息，也更加关注彼此的合作，克服了信息不对称带来的供需双方的互相猜忌，消除了由此带来的风险。

（4）企业与供应商愉快的合作对供应商是一种很好的激励方式。因为企业与供应商良好的合作关系，可以降低计划、协调作业操作的成本以及处理紧急事件的成本，增加产品的销售稳定性，实现经济性；稳定的关系使得双方可以集中发展各自的技术，提高产品质量，提升了海尔的竞争力，促使企业获得更高的效益；同时也响应了为当地政府的招商引资的号召，繁荣了当地的经济。

### （二）总结

随着我国加入世界贸易组织（WTO），国外家电巨头将更加自由地进入国内。海尔认为，与其被动挨打，不如主动出击，通过供应商激励，与供应商建立良好的合作伙伴关系，运用有效手段，帮助它们一起发展，共同参与国际竞争。通过有效的激励手段，可以降低成本，激发供应商的积极性，提升产品的质量，提升生产和销售效率，以此来增强自身竞争力，更好地满足客户的需求，使企业之间携手合作，达成双赢。

**案例分析与讨论题**

1. 除了以上四种供应商激励，还有哪些激励方法？

2. 海尔集团如何与供应商之间保持良好的合作关系，有哪些因素会影响双方之间的合作？

3. 通过对供应商激励，能给海尔带来哪些竞争优势？

# 第五节　约翰迪尔公司的供应商绩效评价

## 一、案例背景

约翰迪尔公司成立于1837年，总部设在美国伊利诺伊州的莫林市，约翰迪尔公司的创始人约翰迪尔研制出一种不粘泥土的钢犁，并由此起家创立了约翰迪尔公司。自成立以来，约翰迪尔公司通过与世界各地农民携手合作，不断成长壮大。“John Deere”（约翰迪尔）已经成为驰名世界的品牌。它的2000项业务在全球160多个国家展开，在职员工43000人。公司生产农业、建筑、商业和消费领域的各种设备，在设备租赁、能源、特种技术和卫生保健等方面提供产品和服务。公司在2000年的净销售额达到110亿美元，总资产将近120亿美元，采购达到60亿美元。

复杂零件（Complex Parts）公司在过去10年内都是约翰迪尔公司的供应商，每年的业务量大约为350万美元。现在需要对Complex Parts进行新的评估，考察它是否正积极提高针对约翰迪尔公司的销售量，约翰迪尔公司的供应商绩效评价小组开展了对Complex Parts的绩效评价。

## 二、案例陈述

约翰迪尔公司的供应商绩效评价小组成员主要有罗伯茨、玛丽、埃金斯和皮尔森，他们要对供应商Complex Parts的绩效进行讨论，决定是否继续与Complex Parts合作，然后向项目经理提交一份评估报告。

### （一）供应商绩效评价模型

通过对供应商评估，可以建立和稳固与供应商的长期合作关系。为了开发和维护公司与供应商的关系、评估供应商，要对供应商进行必要的绩效评价。为了客观、公正、科学地反映供应商供应活动的运作情况，应该建立与之相适应的供应商绩效评价模型，评价供应商绩效的准则因素主要包括质量、运送、成本管理、持续周期和技术支持如下表所示。

**绩效评价模型表**

| 准则因素 | 性质 | 计算公式/指标 | 公式/指标含义 | 结果评定 |
|---|---|---|---|---|
| 质量 | 定量 | （拒收的数量/供应的数量）×1000000 | 质量等级 1000 相当于每 1000 个运送物品中有 1 个被拒收 | 质量等级的评估说明供应商运送的约翰迪尔公司所需物品的合格率。由实际数值表示 |
| 运送 | 定量 | ［（早到次数＋晚到次数＋超数量运送的次数）/总运送次数］×1000000 | 运送等级 75000 就相当于每 1000 次运送中有 75 次有问题 | 运送等级的评估说明了供应商满足约翰迪尔公司的运送日期和采购数量的情况。由实际数值表示 |
| 成本管理 | 定量和定性 | 成本管理行动、成本削减行动、成本指数、新项目的运行情况、全球市场竞争力 | 成本管理等级最终由评审小组得出一致意见，用 1～5 来表示 | 成本管理的评估说明在与供应商合作过程中成本的变化。由得分表示 |
| 持续周期 | 定性 | 供应商为克服困难所采取的行动、态度、响应、对细节的关注和沟通行为 | 持续周期等级最终由评审小组得出一致意见，也是用 1～5 来表示 | 持续周期的评估表示供应商关注客户并持续改进质量、技术支持、运送、成本、提前期、库存和电子数据交换的能力。由得分表示 |
| 技术支持 | 定性 | 对流水线的支持、设计与工艺改变的信息、生产和设计改进、问题的解决、测试、环保和供应管理支持 | 技术支持等级最终由评审小组得出一致意见，也是用 1～5 来表示 | 技术支持的评估说明供应商的应变和创新能力。由得分表示 |

根据上述五个准则因素的等级评定情况，供应商被分为有条件的、认证的、核心的和合作伙伴四类。这些分类及其在各种等级评定中有其被要求的运营水平，运营水平的评测标准每年都会修订一次。每个季度都会给供应商一份绩效总结，其中包括它们的绩效信息和达标情况。归入“有条件的”一类的供应商不会得到约翰迪尔公司的正式认可和培训，面临失去业务的危险。“认证的”供应商有资格参加约翰迪尔公司的培训项目。“核心的”供应商被约翰迪尔公司授予认证标牌和培训，“合作伙伴”除获得培训以外还在供应商获奖宴会上接受奖励。

### （二）供应商 Complex Parts 的绩效评价

罗伯茨、玛丽、埃金斯和皮尔森是约翰迪尔公司对 Complex Parts 进行绩效评价的供应商绩效评价小组成员，通过对供应商绩效评价模型中的指标因素进行分析，针对约翰迪尔公司和 Complex Parts 的合作提出改进建议。

（1）Complex Parts 曾经的质量等级得分是 666，运送等级得分是 86500，罗伯茨在采购部门工作了 8 年，他从供应商评级中发现了 Complex Parts 在运营中出现问题的信号。例如，他认为 Complex Parts 应该提出更多的削减成本计划，并减少在运送中出现的各种问题，有些被要求的报价也没有及时送达约翰迪尔公司。约翰迪尔公司在做着正确的事情，并及时向存在问题的供应商提出质量改进建议，罗伯茨认为这项工作非常有意义。

（2）玛丽在约翰迪尔公司的生产计划部门工作了 23 年，在绩效评价小组中负责技术评定。玛丽认为 Complex Parts 在跟上约翰迪尔公司的规格要求变化方面还是做得不错的，只是无法及时回复 Complex Parts 客户服务小组的电话。而且要求加急发送的情况越来越多，提高了约翰迪尔公司的成本。

（3）埃金斯是绩效评价小组的质量监督员，他认为 Complex Parts 将约翰迪尔公司的质量计划变成了内在的要求，并成功地保证了这些质量要素的实施。在过去的一年中 Complex Parts 的质量得到了大幅度的提升。最近，Complex Parts 还通过了 ISO 质量认证。一个不太好的表现是 Complex Parts 忘记了在它的新生产设备上实施约翰迪尔公司的质量计划，这点让他颇为担心。

（4）皮尔森是绩效评价小组的设计兼工程监督员，在约翰迪尔公司工作了 12 年。他对 Complex Parts 的研发部门很钦佩，该部门提出的几个建议促使了约翰迪尔公司在新产品上取得了成功。但不幸的是，针对这个新产品而由 Complex Parts 提供的配件没能满足约翰迪尔公司的成本要求，从而大大减少了约翰迪尔公司在这个产品上的利润。另外，Complex Parts 还被要求在几种新产品的配件上进行阶段性更新。

## 三、案例分析

约翰迪尔的供应商开发和管理理念中有一条：任何一个供应商都是可以培养的。供应商的服务出现不尽如人意的地方时，如果采购企业只是简单粗暴地对供应商进行惩罚或者中断合约，那肯定会打击所有供应商的积极性。问题被发现了不是最糟糕的，认真细致地分析造成问题的根源会发现，有时候外来因素也会对供应商的绩效造成影响，及时将绩效考评结果以及存在的问题和差距通报给供应商，并帮助其实施改善才是明智的。这与当前为企业所广泛接受的供应商关系管理的理念也是相符的。通过对项目的分析计算，以及对 Complex Parts 绩效的分析，约翰迪尔在供应商绩效评估过程中注意以下几个要点。

### （一）与供应商保持长期的合作关系

约翰迪尔视每一个供应商为合作伙伴，并不遗余力地帮助它们不断改善生产、配送以及服务过程中的不足，即使出现另外一家非常有竞争力的供应商要求与其合作，约翰迪尔也不会轻易地抛弃原有供应商，而会帮助现有供应商寻找与行业其他竞争伙伴的差距所在，共同寻找解决方案。约翰迪尔相信，只要有足够耐心和不断努力，任何一个供应商都是可以被改造的，轻易放弃或者改换供应商是不道德的。这种做法大大增强了供应商的合作意愿，它们与约翰迪尔共同进步、共渡难关、共享成果的信念就会越加坚定。

### （二）提高供应商的积极性

对于约翰迪尔的供应商开发人员来说，供应商有很多问题并不是最可怕的，最糟糕的是供应商缺乏积极性，因其可能对约翰迪尔提供的改造计划不感兴趣，对问题发现和解决的工作不给予积极配合。所以约翰迪尔首先要确定供应商是否会积极接受本公司的改造，然后再继续合作。

### （三）加强供应商培训

在和一个新供应商合作的初始阶段，约翰迪尔会把供应商开发团队派驻到供应商的生产现场，该团队由供应商品质工程师和供应商开发工程师组成。在把供应商开发团队送到供应商的公司之前，团队成员都要通过完成一个严格的六西格玛培训项目来提升供应商的能力。在供应商开发的过程中，有时供应商会和约翰迪尔的供应商开发团队一起参加培训，但是大多数的供应商培训还是在供应商开发项目中进行的。这些针对供应商的培训成本大都由约翰迪尔公司承担。

### （四）对供应商现场指导

一旦供应商与约翰迪尔签署供货协议，约翰迪尔就会派驻训练有素的供应商品质工程师和供应商开发工程师到供应商厂房现场。如果供应商的生产工艺和质量水平的最高境界仍无法达到约翰迪尔的要求，约翰迪尔的工程师们会帮助供应商发现工艺、技术、流程、管理方法中的不足，使供应商能以持续稳定的高质量水平生产约翰迪尔所定制的零部件。具备生产高质量零部件的能力不是目标，将生产高质量零部件的工艺和流程固定下来以持续提供品质统一的零部件才是约翰迪尔对供应商的要求。若约翰迪尔同时向两个或两个以上的供应商采购相同零部件，那么品质最好的供应商就会成为其他企业的标杆。即使只有一个供应商，行业生产工艺的最高水平或明星企业的质量水平也会成为约翰迪尔改造供应商的目标。

### （五）提高供应商的学习能力

虽然约翰迪尔会派驻工程师到供应商企业的生产现场，但是这种手把手的帮扶并不是长期的。工程师们帮助供应商发现生产过程中存在的不足并帮其寻找改善方法的同时，也教会供应商发现问题并寻找改善途径的方法。在这一过程中，供应商的业务水平和学习能力同时得到提高，为约翰迪尔工程师撤离生产现场之后供应商进行自我改善奠定了基础。此外，供应商掌握了这些工艺管理和供应商管理的方法后，可以将其应用到自己上游供应商的管理过程中。这种效应一级级向上传递，供应链整体的运作能力和竞争力水平都不断得到提高。

### （六）实现双方收益共享

约翰迪尔帮助供应商实施改善获得的成本节约或者收益增加由约翰迪尔和供应商双方共享，约翰迪尔不会要求独占这部分利润。这也是约翰迪尔的供应商激励方案的一部分。它提出了一个“简单价值命题”，即将改良方案带来的成本节约五五分成。如果有成本节约，供应商就增加了利润，应该降低对约翰迪尔销售产品的价格，对成本节约进行五五分成，实现利润共享。如果没有实现成本节约，进货价格就保持不变。如果实施供应商开发方案需要先期投入资金，那么约翰迪尔可以先不要成本节约的份额，直到这种投资在生产中被分期偿还为止。通过这种方法，约翰迪尔降低了供应商的财政障碍和风险。当约翰迪尔对供应商的财务支出提供帮助，而供应商只负责自己的员工时间和工作强度时，这种无风险的激励措施就极大增加了供应商的参与积极性。

### （七）总结

Complex Parts 是与约翰迪尔公司有长期合作关系的供应商，对它进行绩效评价是十分必要的，虽然它在许多方面都做得很出色。但是，也有几个方面是绩效评价小组中四位成员都比较忧虑的地方。大家达成一致意见就是要对 Complex Parts 评价得更加细致和全面，并尽快向它们的项目经理提交一份评估报告。

**案例分析与讨论题**

1. 约翰迪尔公司为什么要对供应商 Complex Parts 公司进行绩效评价？
2. 案例中供应商 Complex Parts 公司的绩效存在什么问题？
3. 供应商绩效评价的作用是什么？

# 第四章　采购谈判

## 第一节　LH 公司谈判技巧组合成就低价谈判

### 一、案例背景

#### （一）公司简介

LH 公司是一家中外合资的房地产开发公司，于 1990 年成立，总部设在北京，现有员工 9000 多人，业务领域涉及地产开发、商业运营和物业服务三大板块，凭借创新精神及专业开发优势，以准确的市场定位、超前的规划设计以及优质的物业管理，其商业楼盘在我国市场占有较大份额。

经过多年的潜心发展，LH 公司形成了集投资规划、开发建设、商业管理和物业服务为一体的全过程运作能力和系统、高效的多业态综合开发能力，产品覆盖了普通住宅、写字楼、高层公寓、花园洋房、别墅、综合商业及大型城市综合体等多种业态，每一种业态都拥有城市标杆性的代表作品。

#### （二）前期准备

2016 年，LH 公司设想打造一座现代化综合商住楼，理念是既方便商务办公，又适于家居生活。为使之设计科学、合理，不落后于时代新潮，LH 公司决定聘请一位业内著名建筑设计师设计一套合理方案。

经过一段时间的筛选，LH 公司总经理决定聘请德国著名建筑设计师帮助其建立新理念大厦设计。该设计师在建筑界很有名气，其设计的建筑能在结构和建筑美学方面达到均衡，曾多次获得国际设计大奖。恰巧该建筑设计师因公将在上海做一星期的停留，LH 公司总经理当机立断，委派高级工程师作为全权代表飞赴上海，与该建筑设计师洽谈合作事宜。

## 二、案例陈述

总经理任命高级工程师和法务部经理及其助理组成谈判小组，全权代表总经理，务必达成合作。根据总经理的指示，谈判小组需向这位德国著名建筑设计师咨询，并请他帮助 LH 公司设计一套合理方案。

### （一）初步达成合作意愿

谈判小组一行向该著名建筑设计师介绍了准备建设的现代化综合商住楼的现状。该现代化综合商住楼建设方案是由前总经理牵头设计的，由于是五年前设计的方案，其外形、外观、布局等方面有些不合时宜，与目前总经理希望的设计要求存在很大差距。谈判小组一边介绍，一边将事先准备好的有关资料，如图纸、原设计方案、修正资料等，提供给该建筑设计师，表达了对本次合作的强烈意愿。

建筑设计师看完相关资料后，决定与 LH 公司合作。因为目前该建筑设计师在中国注册了一家甲级建筑设计公司，基于近年来中国建筑设计行业的蓬勃发展，凭借其行业内良好声誉，在上海成立公司后，将很快在上海建筑设计市场获得稳定份额。但是，该建筑设计师的业务还未深入中国市场，面对中国经济飞速发展的现状，其希望能在中国的建筑设计市场上占有一席之地。面对 LH 公司的委托，该建筑设计师对这一项目很感兴趣，认为这是一个良好的机会，因此同意接受委托。双方初步达成合作意愿。

### （二）价格谈判产生分歧

LH 公司和该建筑设计师基于合作意愿，迅速在技术方面达成一致。然而，双方对于价格却产生较大分歧。

该建筑设计师及其团队基于中国（除港澳台外）的工程造价以及当时当地的实际情况报价 600 万元。对于建筑设计师来说，因为他所开设的公司是一家注重质量、信誉的公司，同时在上海甚至在世界范围都有一定的名气，所以一直以来报价都是略高于市场报价。但是出于他对本次合作的诚意，已经给出了非常优惠的报价。据该建筑设计师说："600 万元，是充分考虑了中国（除港澳台外）情况，每平方米按 30 元设计费来计算的。"

据谈判小组了解，设计方在上海的平均设计价格为每平方米 8 美元。若按此价格计算，现代化综合商住楼 20 万平方米的设计费应为 160 万美元，根据当天的外汇牌价，其应折合为人民币 1120 万元。的确，600 万元人民币的报价算是优惠的了。但是基于公司利益的考虑，谈判小组对于该优惠价格给出了 300 万元的还盘，并解释道："在来上海之前，总经理授权我们 200 万元左右的签约权限。我们出价 300 万元，已经超出我们的权力范围，也是为表达 LH 公司对此次合作的诚意。"

建筑设计师及其团队表示对 300 万元的还盘不能接受，双方再次进入激烈的讨论。

### （三）再次谈判陷入僵局

经过长时间的讨论，双方均不能接受对方的报价，僵持不下，谈判暂时结束。第二天晚上，双方又重新坐到谈判桌前，再一次对价格进行谈判。这次该建筑设计师主动降价，由600万元降为450万元，并一再声称，450万元是最优惠的价了。

面对建筑设计师方的降价，LH公司的谈判仍坚持该价格太高，无法接受，并表示昨天晚上请示了总经理，愿意支付300万元，但是不能再高了。

面对LH公司谈判小组的强硬态度，建筑设计师方的谈判小组考虑LH公司的实际情况和条件，经过谈论后愿意再降50万元，为400万元，并表示低于400万元会放弃该项目。

对于建筑设计师方的再次降价，LH公司谈判小组分析，该建筑设计师方重视这次合作的机会，并依此判断对方有可能还会降价。于是仍然坚持出价300万元。

对于LH公司做出的决定，建筑设计师方决定放弃此次合作，收拾相关资料，准备退场。

### （四）打破僵局签订协议

眼看谈判马上破裂。这时，LH公司谈判小组急忙说：“请您稍等，由于我们只得到总经理300万元的指示，所以不能立马给您回复，待与公司总经理通话，得到指示后再谈，您看看这样好不好?”该建筑设计师同意谈判小组的做法，坐回原处，紧张的气氛才缓和下来。

之后，LH公司谈判小组与总经理联系，向总经理详细汇报了谈判的情况以及谈判的分析和看法，并得到总经理做出的具体指示。最后，在双方又一次报价与还价的基础上，LH公司出价350万元，建筑设计师方基本同意。但提出比原计划延期两周左右才能交付图纸，LH公司同意该要求。经过协商，当晚草签了协议。第二天签订正式协议。

## 三、案例分析

LH公司为避免谈判破裂采取了权力有限的谈判技巧，成功缓和了紧张的谈判氛围，为再一次谈判打下良好基础。这一系列行为其实是谈判技巧的组合运用，在恰当的时机采取恰当的谈判技巧有利于帮助企业达到目的。

### （一）谈判技巧的组合运用

1. 坚决避免谈判破裂

谈判时要避免谈判破裂，这是因为当谈判破裂后，若你仍想和对方合作，那么会陷入被动地位，失去自己的议价能力；若不愿和对方合作，那么一开始就没必要谈判，不然会造成双方时间、精力的浪费。与此同时，谈判中切记不要草率决定，因为勉强达成的协议可能后患无穷，带来更大的损失。一个好的谈判小组不会让谈判完全破裂，总会留有余地，以待下次谈判达成协议。

LH 公司的谈判小组在这一点上做得很好。当双方陷入谈判僵局时，面对建筑设计师一方想离场、谈判即将失败的场景，谈判小组用权力有限的技巧打破僵局，挽救了双方的合作，避免谈判破裂。

2. 权力有限以退为进

权力有限是指谈判人员在采购谈判中借助权力的有限性来增强己方的议价能力，削弱对方的议价能力，从而保证己方获得最大利益的一种谋略和技巧。一个优秀的谈判人员必须学会利用有限的权力作为谈判筹码，巧妙地和对手讨价还价，达到利益最大化的目的。谈判人员权力的有限性有两种情况：一是在参与谈判之前，上级领导确实授予了一定的权限；二是谈判人员在参与谈判之前，上级领导未曾给予条件限制，但是为了有利于己方，借口自己权力有限来争取主动。

LH 公司中采取的便是第二种借故法。相较于第一种方法，第二种借故法可避免谈判内容超出采购人员的权限或知识范围时，谈判小组操之过急，做出错误决定。此时不妨以退为进，请示上级领导弄清事实情况后，再答复或决定。正如 LH 公司谈判小组这样，在谈判即将破裂时，声称须由总经理决定，为己方争取到更多的时间来考虑拒绝或重新提一份方案。LH 公司谈判小组在本次谈判中结合其他技巧很好地运用了权力有限这一谈判技巧，为 LH 公司节省 250 万元成本。

### （二）营造融洽谈判气氛

LH 公司通过一些谈判技巧的组合运用成功将紧张的谈判气氛缓和下来，从而为接下来的再一次谈判打下良好的基础，也为 LH 公司赢得了本次谈判的胜利，可见营造良好的谈判气氛是非常重要的。

谈判中要注意建立融洽的谈判气氛。在谈判之初，最好先找到一些双方观点一致的地方并表述出来，给对方留下一种彼此很适合当合作伙伴的潜意识。这样接下来的谈判就容易朝着一个达成共识的方向进展，而不是剑拔弩张的对抗。当遇到僵局时也可以拿出双方的共识来增强彼此的信心，化解分歧。也可以向对方提供一些其感兴趣的商业信息或对一些不是很重要的问题进行简单探讨，达成共识后双方的心理就会发生奇妙的改变，为合作达成奠定基础。

### （三）总结

采购谈判虽然没有政治、军事谈判那样剑拔弩张，但是谈判的本质毕竟是一种博弈、一种对抗，仍然充满了火药味。谈判期间双方都很敏感，如果语言过于直率或强势，很容易引起对方的本能对抗意识或反感。因此，采购谈判时即使在双方遇到分歧时也要面带笑容，委婉地与对手交锋，避免对方产生敌意，使彼此的谈判不容易陷入僵局。在谈判中并非张牙舞爪、气势夺人就会占据主动地位，反倒是喜怒不形于色、情绪不被对方所引导、心思不被对方所洞悉的方式更能克制对手。想成为采购谈判的高手，就要避免谈判破裂，做一颗柔软的钉子。

**案例分析与讨论题**

1. 权力有限谈判策略的使用条件是什么?

2. 请列出 5 种及以上谈判策略，并简单说出其使用范围。

3. 谈判中运用谈判策略的意义何在?

# 第二节　光大集团基于谈判心理的时机之战

## 一、案例背景

### （一）公司背景

中国光大集团股份公司（以下简称光大集团）是横跨金融与实业、海内与海外，涵盖银行、证券、保险、基金、信托、期货、租赁、投资和环保、文旅、医药等实业的大型金融控股集团。光大集团于 1983 年 5 月在中国香港创办，同年 8 月 18 日正式开业。当时注册名为“紫光实业有限公司”，1984 年 7 月更名为“中国光大集团有限公司”。光大集团成立之初以经营外贸和实业投资为主，是国家改革开放初期的重要桥头堡和国家发展金融控股集团的重要先行者。

### （二）发展历程

光大集团经过四个发展阶段，成为今天真正意义上的大型金融控股集团。

1983—1990 年为第一阶段，光大集团以贸易起家，为国内企业引进大量先进设备和技术，兴建大批实业工程，配合国家沿海开发战略，与沿海开放城市开展合作，积极践行改革开放破冰之旅。

1990—2003 年为第二阶段，光大集团业务开始向国内及金融领域倾斜，同时投资进入香港资本市场，先后成立了中国光大总公司、光大银行、光大证券，在中国香港、新加坡收购改组了光大国际、光大控股、光大科技和光大亚太四家上市公司。

2003—2014 年为第三阶段，光大集团拉开战略调整的大幕，开启改制重组的征程，先后成立了光大实业、光大金控资产，完成光大证券 A 股上市、光大银行 A 股及 H 股上市，实现光大永明保险成功重组、收购组建光大兴陇信托，同时在港企业实现战略转型。2014 年 12 月 8 日，经国务院批准，光大集团由国有独资企业改制为股份制公司，并正式更名为中国光大集团股份公司。

2014 年至今为第四阶段，光大集团进入改革发展新时期，通过大力推进集团联动与有效整合业务资源，经营管理水平得到持续提升，业务发展保持良好态势，不断创造历史最好的经营业绩。2015 年光大集团首次上榜美国《财富》杂志发布的世界 500 强企业名单，名列第 420 位，2016 年排名跃升至 313 位，上升 107 位，上升位次居全球金融企业第一名。现在，光大集团的资产规模已突破 4 万亿元，成为拥有一批龙头企业、亮点品牌的全牌照大型金融控股集团。

## 二、案例陈述

在光大集团发展的第一阶段，因为其主要从事的是贸易有关业务，依托于中国境内纵横交错的公路网络，光大集团主要采取公路运输这一交通运输方式。随着光大集团的蓬勃发展，其对于载重车和翻斗车的需求逐日增加。

### （一）前期准备

20 多年前，时值光大集团发展的第一阶段，时任光大董事长的是我国著名实业家王光英先生。当时光大集团采购部门获得一个消息，称近期有一批二手卡车要出售。但是这个信息似乎是空穴来风、无头无尾，除了将有一批二手卡车出售的消息便再没有与其相关的内容。对于这个不确定的消息，光大集团采购部门第一时间将信息上报给王光英先生，王光英先生当即决定让采购人员去调查这批卡车的销售地位置、型号、数量、价格以及质量好坏等相关信息。

根据指示，光大集团的业务人员经过一番努力后，向王光英先生递交了一份调查报告。报告中指出，该批卡车的销售地具体位置位于南美洲西南部智利的铜矿公司，由于资金链断裂，该铜矿如今面临倒闭。但是在 6 个月前，铜矿的老板订购了美国道奇、德国奔驰等各种型号大吨位载重车、翻斗车共计 1500 辆，全部是新车，还未投入使用。为了偿还债务才决定将这批新车折价拍卖。

看了这份报告，王光英先生眼前一亮：1500 辆折价拍卖的新车，能节约近千万元的成本，这是多么具有诱惑力！光大集团在获得这一信息时，殊不知在中国香港、智利的近邻，甚至在全世界，这已是一个公开的秘密。

### （二）闪电谈判

面对世界各国的竞争对手，王光英先生意识到这已经演变成一场多角谈判。多角谈判，是参与利益主体的数量在两个以上的谈判。如多国间的贸易谈判，多个公司之间的合资、贸易谈判等。这类谈判各方之间的利益关系比较复杂，较难协调一致。此外，各方出于自身利益往往还会寻求与某些利益相对一致的参与方结成联盟或争取打破与自身利益相左的联盟，因此大大增加了此类谈判的艰巨性和复杂性。同时因为参与谈判的至少是三方利益的代表，即谈判的主体涉及三方或三方以上，这类谈判又称“多边谈判”，它是“双边谈判”的对称。多角谈判涉及的范围广，人员复杂，谈判之前必须做好充分的准备工作。在实际谈判中，多角谈判往往演化为就某个问题意见相互对立的双方对峙。

面对这次谈判，王光英先生意识到时机是最重要的。于是他授予赴现场验货采购人员以拍板成交的权力：“只要质量好，价钱便宜，你们说了算。”光大集团采购小组立即乘飞机飞往智利，和同去的技术专家对这 1500 辆崭新的载重汽车像体格检验一样，一辆一辆地进行了技术检验，并现场验货。结果表明，它们的质量是令人满意的。经过一番紧张的讨价还价，矿主同意将这批载重 7～30 吨的汽车以原价 38%的低价全部售给光大集团。仅此一项，他们就节约外汇 2500 万美元。

闪电战成功了。从发现这个信息到做成这笔生意，仅仅用了 3 个月。就在光大集团的采购小组忙于和智利方面办理签约换文以及处理烦琐的善后事宜时，美国迈阿密的一个大老板闻讯后立即通过电传与光大集团联系，表示只要光大集团愿意把这批货让给他，他便给光大集团 3000 万美元。面对 3000 万美元的诱惑，王光英先生毫不犹豫地拒绝了对方的要求，并把该批卡车迅速装船监运回国。

## 三、案例分析

光大集团抓住时机，迅速出手，打了竞争对手一个措手不及，打赢了一场漂亮的闪电战。纵观光大集团从获取信息到达成交易的过程，可以发现这次光大集团的成功依托于两个因素：一是该智利铜矿面临着倒闭清算，急需出手这批二手卡车的迫切心理；二是董事长王光英先生超快地抓住时机，闪电出击，用速度击败竞争对手。

### （一）谈判心理对谈判的影响

在谈判进程中，影响因素大致可分为三类：环境因素、心理因素和思维因素。其中心理因素主要讲述的是谈判环境的变化对谈判者心理的影响，进一步延伸到对整个谈判的影响，主要包括谈判规模与性质、谈判环境、谈判对手实力、谈判进程四个方面。在光大集团与智利铜矿的谈判过程中，主要体现的是谈判性质和谈判进程对谈判者的影响。

面对光大集团的强烈购买愿望，智利铜矿作为此次谈判的卖方，其议价能力是稍高的。但是，由于此次谈判的性质是智利铜矿因为倒闭清算不得不折价售卖该批卡车，所以智利铜矿基于此因素失去了其主动地位，议价能力也随之降低。同时，在谈判进程上，若智利铜矿与光大集团因为价格或其他因素使得谈判进程滞留，谈判周期加长，对于智利铜矿来说，这并不是一件好事，因为即使最后其获得了不错的价格，但在其他方面也损失了不少。反观光大集团，正是基于智利铜矿急于出售的心理，步步为营，最终拿下该项目。

### （二）时机的重要性

在多角谈判或潜在的多角谈判中，对时机的反应速度具有决定性的意义。否则，拖拖拉拉、贻误时机，就会让别人抢在你之前签约。试想，如果光大集团缺乏迅速果敢的行动，让美国或其他国家的竞争者抢了先，那不是一个很大的损失吗？兵贵神速，在这种谈判场合发挥了惊人的效果。光大集团之所以能迅速地达成交易，在于谈判对手亦有迅速签约的打算。矿主急于尽快偿还债务，快速达成交易的心情很迫切。

在采购谈判中，时机具有特殊的意义。市场行情瞬息万变，谁能快速正确决策，谁就能在较短的时间内达到预期的目的。在多角谈判或潜在的多角谈判中，时机往往具有决定性的作用。我们知道谈判中涉及最多的是价格。那么，应当怎样把握成交的时机呢？在谈判初期，许多人急于求成，不能理性地分析处理谈判分歧，往往会导致谈判中断甚至夭折。所以，当对方不接受自己的报价时，千万不要盲目中止，那样会错失良机。当谈判进行到中期，人们的主观愿望被现实纠正，从而变得比较现实。这时，卖方可以从容地向对方介绍产品。而在谈判后期，因为时机关系，卖方的价格往往最低，此时，对买方促成谈判最有利。

### （三）总结

采购谈判是一个持续性的过程。在这个过程之中，影响结果的因素有很多，包括共性和个性两个方面。在谈判的过程中，谈判人员既要根据共性制订策略，也要注意每一次谈判的个性特点，从个性出发，有针对性地实施策略，才能达到事半功倍的效果。正如光大集团所做的一样，针对智利铜矿急于出售的心理特点，打了一场漂亮的闪电战，节省了资金、时间和精力，获得了利益最大化。

**案例分析与讨论题**

1. 结合本案例说明如何抓住谈判时机。
2. 试分析谈判心理如何影响谈判结果。
3. 请查阅资料分析影响谈判的其他因素。

# 第三节　文化对国际采购谈判的影响

## 一、案例背景

### （一）公司简介

YG公司成立于2006年，位于上海市浦东新区陆家嘴金融区，主要从事轴承加工制造以及进出口贸易，是一个以内销为主、外销为辅的复合型企业。其生产的轴承产品广泛应用于冶金、石化、煤炭、矿山和陶瓷等行业。YG公司注重产品质量，提供优质轴承和完善服务，树立了良好的企业形象，其产品在国内轴承市场享有较高的知名度。与此同时，YG公司依托于上海在国际贸易中的优势，得益于上海前店后厂的有利条件，紧跟经济全球化，扩张了国外市场，增强了与世界其他国家的业务往来，扩大了出口业务，产品远销到很多国家和地区。

目前我国投资规模逐年增长，2015年末社会融资规模存量为138.14万亿元，基础建设力度加大，各类机电产品需求不断增长，加之国际经济形势稳定发展，为国内产品出口提供了有利条件，同时也为轴承行业的发展提供了良好的机遇。结合目前轴承市场的形势，YG公司决定加大人力、物力的投入，进军俄罗斯市场，扩大自己的轴承产品在俄罗斯市场上的知名度。

### （二）跨文化的国际采购谈判

YG公司为打开俄罗斯市场，成立了专门负责俄罗斯出口贸易的部门，主要负责与俄罗斯有关的相关业务，目的是开拓俄罗斯市场。为实现这一目的，该部门着手准备相关国际采购谈判资料，寻求相关俄罗斯采购人，通过谈判达到目的。

YG公司与俄罗斯有关公司进行的采购谈判，其实属于国际采购谈判，更多的是一种跨文化的采购谈判。谈判是一个过程，最初持有不同观点的谈判双方或多方通过选择使用不同的说服方式而在共同的目标上达成协议。国际采购谈判是指具有不同意识形态、政治制度，以及不同的语言、思维方式、价值观念的国家、地区之间进行的有关采购的谈判。

国际采购谈判的内容不仅包括商务与技术方面的问题，还包括法律与政策问题，它是政策性、策略性、技术性和专业性很强的工作。做好这个环节，在平等互利的基础上达成公平合理和切实可行的协议，具有十分重要的意义。

国际采购谈判既有一般采购谈判的共性又具有其特殊性。共性体现在以经济利益为谈判的目的和主要评价指标，同时价格是谈判的核心内容。其特殊性体现在具有较强的政策性，一般按国际惯例办事，同时由于涉及面广，所以影响的因素复杂多样。

国际采购谈判与其他采购谈判的区别主要是文化因素，文化的差异将会给国际采购谈判造成摩擦和障碍。正是由于跨文化国际采购谈判的特殊性，YG 公司在谈判时应在双方的传统文化、意识形态以及政治制度等方面求同存异，削减文化和制度上的阻碍。更为重要的是需认识到文化没有优劣之分，要尊重对方文化，认识到文化的多元性。

## 二、案例陈述

对于国际采购谈判而言，采购方的寻源难度很大。很多非本国的采购方对我国的经济以及产品了解不多，缺乏认识，所以这些非本国的采购方更多的是通过在中国上海、广州等地举办展览会了解供应商的情况。基于此背景，YG 公司决定通过展览会来争取俄罗斯客商。通过详细的分析，YG 公司结合实际情况选择参加专业性的展览会吸引俄罗斯客商。

### （一）前期准备

1. 选址准备

YG 公司参展的目的是通过展览会将产品展现给前来参观的客商，引起客商对产品的兴趣，从而达成交易。

为更好地吸引客户，YG 公司选择了位于展览会中心北面的三面展位。该展位的优势在于相较于单面的或双面的展位，可以使客商从不同方面都能看到自己的拳头产品。与此同时，配合相关宣传手段，再加上该展位位于中心的北面，人流量大，能够吸引并且容纳较多的客商。

2. 吸引客商

YG 公司为此次国际采购谈判所做的准备工作帮助它得到了俄罗斯采购方的关注。在此次国际轴承展览会上，由于优越的展会位置和高质量的轴承产品，YG 公司受到了俄罗斯轴承进口商 A 的关注，俄罗斯轴承进口商 A 认为，YG 公司提供的轴承零部件不仅可以替代其在俄罗斯本土供应商处购买的轴承零部件，而且在质量上要远远超越本土生产的轴承产品。双方了解对方公司的经营规模和产品信息后，初步达成合作意愿。

3. 宴请陪玩

YG 公司邀请俄罗斯轴承进口商 A 到公司就轴承的出口供货合同进行更加详细的国际采购谈判。为更好地促进本次谈判，与俄罗斯轴承进口商 A 建立了一个友好合作的关系，在谈判期间，YG 公司主要将时间用在了带领俄罗斯轴承进口商 A 品尝上海的各色美食以及参观上海和周边的旅游景点上。直到第三天，俄罗斯轴承进口商 A 见

YG公司仍未提出开始谈判，还想游玩，才向YG公司负责人提出尽快开始就轴承的出口供货合同进行正式的国际采购谈判。

### （二）谈判过程

1. 初次交锋

谈判开始，YG公司展示了本公司生产的各类轴承产品，其材料、外形尺寸、规格、热处理工艺等方面都可以满足俄罗斯轴承进口商A的要求。但是，双方在国际采购谈判中，就价格问题陷入了僵持局面。YG公司坚持轴承零件的报价为5美元/件，但是，俄罗斯轴承进口商A却坚持4.5美元/件，不肯做出让步。

俄罗斯轴承进口商A之所以坚持这个低报价，是因为YG公司是一个不熟悉的海外供应商，如果俄罗斯轴承进口商A从YG公司进口，运输的路途会非常遥远，则会在很大程度上增加采购的不确定性和风险。而YG公司坚持自己的报价，也是由于同样的理由。

之后，YG公司和俄罗斯轴承进口商A就价格问题开始了艰苦的国际采购谈判。俄罗斯轴承进口商A在谈判中发现，YG公司不只是想把轴承零件卖给自己，而且还有意将其他不同种类的零部件向俄罗斯市场销售。因此，俄罗斯轴承进口商A建议，如果YG公司接受了自己的报价，那么可以协助YG公司在自己准备参加的俄罗斯零部件国际展览会上展览YG公司生产的其他零部件而不收取任何的报酬，从而使YG公司生产的其他零部件能够有机会进入俄罗斯市场。由于此策略十分满足YG公司的需求，双方一拍即合。

2. 翻译歧义

于是，双方决定就具体的合同条款进行谈判。因为俄罗斯在清关方面比较复杂，为规避风险，YG公司提出交货条件为FOB上海，俄罗斯轴承进口商A负责派船接运货物，YG公司在合同规定的装运港和规定的期限内将货物装上俄罗斯轴承进口商A指定的船只，并及时通知对方。FOB也称“船上交货价”，当货物在装运港被装上指定船时，风险即由卖方转移至买方。即当YG公司把货物交到上海的船上，并办理完清关手续，YG公司即完成了交货义务。

FOB是国际贸易中常用的贸易术语，专业性较强，但是，YG公司参加国际商务谈判的翻译人员是临时聘请的，之前未接触过相关领域的知识，故将“清关”翻译为了“打扫海关”，这点使得俄罗斯轴承进口商A不解，经过一番解释后方才明白，接受了YG公司提出的交货条件。

3. 僵持局面

在国际采购谈判中，双方就基本问题取得了一致，并且签订了供货合同。但是，合同即将履行时，人民币与美元的汇率开始出现了较大的波动。世界上形成了巨大的人民币升值的呼声，此局面引起了全球的广泛关注，对我国造成的压力是显而易见的。

在人民币升值带来的负面影响中，最主要且最直接的影响就是会导致中国产品的出口价格升高。对于YG公司而言，如果继续使用已经商订的价格履行合同，则会使出口的经营利润下降，甚至亏损，但是已经签订的合同又不能更改。所以，YG公司采取了拖延的态度。双方再度陷入僵持的局面。

4. 达成合作

在这种僵持局面下，YG公司的业务人员多方收集有关汇率对出口所产生影响的信息后了解到，虽然人民币的升值会使出口商品的价格在短期内升高，但是，从长远来看，存在许多其他的因素可以在一定时期内降低人民币升值对出口商品价格产生的影响。

YG公司根据收集到的资料，并经过仔细的整理和分析，认为如果迟迟不履行合同，将这种僵持的局面持续下去，很可能会失去一个有可能会长期合作的客户，即使人民币的升值会带来价格上的暂时不利因素，但长期来看，这种不利影响会在市场上得以消化，从而使YG公司与俄罗斯轴承进口商A之间的合作关系长久保持下去。所以，YG公司决定，及时履行已经签订的合同，随即通知了俄罗斯轴承进口商A，并在规定期限内收到货款后发货。虽然这笔订单，YG公司没有得到预期的利润，但是，僵持局面的打破，使双方的合作得以顺利进行，为YG公司与俄罗斯轴承进口商A今后的合作打下了良好的基础。

## 三、案例分析

通过YG公司在与俄罗斯轴承进口商A所进行的国际采购谈判，可以发现正确对待跨文化的国际采购谈判中的文化因素，可以提高公司国际采购谈判的效率，使外贸业务能够成功进行。

### （一）影响YG公司国际采购谈判的文化因素

1. 价值观念

中国文化的本源是儒家学说，核心理念是“仁”，讲求“和为贵”的价值理念，“和”的根本寓意为承认差异，缩小并包容差异。进行国际商务谈判时，采取此价值理念，将会减少冲突，更加倾向于依靠伦理道德处理问题。在中国，“伦理至上”的观念占据着人们的思想，如果产生纠纷，首先应考虑怎样赢得舆论的支持。因此，依据法律解决矛盾的方式，中国人很不适应，常常力求依靠“关系”去解决问题。西方人则不同，他们习惯通过法律的途径来解决纠纷，而不是凭借良心和道德，西方的很多公司都聘请法律顾问或者律师，遇到纠纷则通过律师来出面处理。西方人不明白为什么中国人在面对冲突时，大多通过复杂的人际关系，而不是采取法律方式。

本案例中，YG公司从一开始，即将合作的重点放在建立“关系”上，邀请俄罗斯轴承进口商 A 观光旅游等，这就是一种“和为贵”的价值观体现，但是在西方文化当中，更多地看重问题的实质，俄罗斯轴承进口商 A 更加关心的是商务谈判实质内容，双方将按照合同行事，出现问题后通过合同的规定来解决，而不是依靠“关系”。

2. 风俗习惯

世界各国的民族历史、社会条件和地域环境各不相同，产生了各具特色的风俗习惯。全球经济的发展趋势是一体化，各国特有的民族性文化发展趋势呈多元化。各个民族的特点和文化差别始终并存，展现出丰富多彩、百花齐放的盛况。

在本案例中，YG 公司认为在国际采购谈判之前首先应建立良好关系，并选择了宴请及邀请观光等方式，这是典型的中国式礼节，但是在俄罗斯人的思维方式中，直接、高效地切入正题才是可以被接受的。

3. 思维方式

发散性思维是中国人的主流思维习惯，相反，线性思维是西方人的习惯，强调事物之间的逻辑性，随处可见国际采购谈判中的行为方式上的差别。

中国人的发散性思维模式是整体取向，凡事从整体到局部，从大到小，由笼统至具体。在国际采购谈判中，则表现出从务虚到务实的处理问题的过程，即先确定谈判的根本原则，而后逐步对细节形成共识。

西方人往往在国际采购谈判一开始就全盘托出自己的条件和要求，然后再讨价还价。他们往往先使对方认同自己的基本原则，具体的问题以后再商洽。但细节上他们也很认真，或者说非常计较，认真核对，并检查所有的合作细节。在国际采购谈判过程中，他们不习惯始终保持沉默，而是集中精力加快谈判进程。西方人信念坚定，相信办法总比问题多。他们想方设法打破僵局，进而破解难题。所以，在与西方人进行国际采购谈判时，应表现直接、坚决、诚实，要不露痕迹地表现善意和谦逊。大多数西方人会在国际采购谈判桌前开玩笑，因为他们认为，开玩笑也是可以打破僵持局面的好办法，能够推进国际采购谈判的进程。

在本案例中，当 YG 公司与俄罗斯轴承进口商 A 就价格问题出现僵持局面时，俄罗斯轴承进口商 A 积极想尽所有办法，通过用其他途径补偿的办法，使 YG 公司接受了价格，有效地打破了僵持局面，使国际采购谈判得以继续进行。

4. 语言翻译

在国际采购谈判过程中，委婉的语言表达有助于建立良好的谈判氛围，促进谈判人员做出更加理性的决策。

在翻译中不同行业的专属词汇应保持一致性，国际采购谈判时会涉及繁杂的专业术语，包括贸易、保险、运输和结算等。术语是用于表达科学概念的词汇，要求有严格的单一性，排斥歧义性和多义性。译者需要译出特定专业中的指称意义，不应生硬翻译字面的意思或随意地选择词义。比如，翻译“despatch money”时，需要翻译出外贸业务中的专有词汇“速遣费”，而不能将其翻译为“派遣费”。

本案例中，YG公司的翻译人员将“清关”翻译为“打扫海关”，并不具备科学性，应使用特定专业中的指定词汇，以避免歧义和误解，否则会影响商务谈判的进程。

### （二）总结

国际采购谈判不同于普通的贸易谈判，涉及不同的文化背景，存在着文化差异，国际采购谈判的过程中必须重视这种文化因素的存在。如果不重视这种文化的差异性，谈判的双方难免会在国际采购谈判中发生理解沟通方面的障碍。这种文化的差异性体现在多方面，比如思维方式和行为方式的差异、地区风俗习惯的差异、语言翻译的差异、价值观的差异等。无论在其中的哪一个方面处理不当，都将会对国际采购谈判产生消极影响，影响国际采购谈判双方的语言和感情交流，阻碍谈判的进程，因此必须引起足够的重视。

**案例分析与讨论题**

1. 国际采购谈判中除文化影响外，还有哪些影响因素？
2. 文化对国际采购谈判的影响体现在哪些方面？
3. 如何更好地进行跨文化的国际采购谈判？

# 第四节　谈判策略助奥康集团与GEOX公司成功合作

## 一、案例背景

### （一）奥康集团简介

奥康集团是一家以皮鞋为主业，并涉足商贸房产、生物制品等领域，跨行业、跨区域发展的全国民营百强企业。奥康集团现有员工15000多人，拥有三大生产基地，30多条国际一流的生产流水线，年产皮鞋千万双，在全国设立了30多个省级分公司，3000多家连锁专卖店。在意大利、西班牙、美国、日本设立了国外分公司。同时，在温州、广州及意大利米兰设立三个鞋样设计中心，每年开发出3000多个新品种，使得奥康集团产品始终走在潮流的前列。

奥康集团在稳健经营国内市场的基础上，与国际鞋业品牌建立友好合作关系，并先后在美国、印度、中国香港成立了子公司，产品出口到60多个国家和地区，力争早日把奥康品牌建设成全球品牌。

### （二）GEOX 公司简介

GEOX（健乐士）是 Mario Moretti Polegato（马里奥·莫雷蒂·波莱加托）于 1994 年创立的意大利休闲鞋品牌，是世界鞋业巨头之一。公司凭借其“RESPIRA”（呼吸）的国际专利技术，使 GEOX 迅速成长为意大利排名第一的休闲鞋品牌，畅销全球 55 个国家和地区，排名世界鞋业前 4 位。GEOX 一词取自希腊文“GEO”，意即“脚下的大地”，以未知数“X”作为技术的象征，寓意新技术、新理念的组合。随着中国鞋业市场的不断增长，GEOX 公司将发展目光放在中国，意图在中国建立一个亚洲最大的生产基地，并准备通过与中国本土品牌合作，逐步占领中国市场。

## 二、案例陈述

2013 年年初，GEOX 公司总裁开始到中国市场进行调研。经过 2 年的实地考察，他将其合作伙伴初步定为奥康集团。但奥康集团最后是否能当选此次 GEOX 公司中国市场的合作伙伴，GEOX 公司总裁认为需进一步谈判沟通。

### （一）谈判准备

GEOX 公司总裁先后考察了 8 家中国著名的鞋业公司，包括红蜻蜓、啄木鸟等公司，不断收集更新对手信息，为最终谈判进行了周密的准备。

GEOX 公司周密的准备不止包括对手信息的收集，还包括了己方谈判人员能力的培养，GEOX 公司总裁要求谈判小组将几十页甚至是上百页的谈判框架、协议条款熟练掌握，以便在谈判过程中对相关信息做到胸有成竹，自如应对奥康集团提出的各项难题。

相似的是，奥康集团对于此次谈判也进行了充分的前期准备。他们通过一份翻译材料全面了解对手公司的情况，包括对手的资信情况、经营状况、市场地位、此行目的以及谈判对手个人的一些情况。对于奥康集团来说，若此次能和 GEOX 公司谈判成功，达成合作，对于其国际市场的开拓和国内市场的扩张是非常有利的，但是奥康集团也明白，此次 GEOX 公司总裁的中国之行档期很满，奥康集团也并不是国内鞋业的龙头企业，所以 GEOX 公司选择奥康集团作为其中国市场的合作伙伴的概率只有 20%，因此此次谈判成功预期很低，合作机会也很小。

尽管奥康集团对与 GEOX 公司合作成功的心理预期是极其低的，但奥康集团的宗旨是即便只有 0.1%的成功机会也绝不放过。奥康集团进行了周密的准备和策划只为迎接 GEOX 公司一行。为使 GEOX 公司一行有宾至如归的感觉，奥康集团专门成立了以总裁为首的接待班子，拟订了周密的接待方案。从礼仪小姐献给刚下飞机的谈判方 GEOX 公司一行的鲜花，到谈判地点的选择、谈判时间的安排、客人入住的酒店预订，整个流程由奥康集团精心策划。奥康集团精心策划的努力没有白费，GEOX 公司一行通过奥康集团的行为感受到其愿意合作的诚意，也使得 GEOX 公司一行处于满意状态，为谈判最终获得成功奠定了基础。

### （二）情感注入

为增加此次谈判成功的概率，时任奥康集团总裁的王振滔努力寻找奥康集团与 GEOX 公司的共同点，以感情牌作为此次谈判的切入点，并多次强调奥康集团与 GEOX 公司有很多相似的地方。的确，GEOX 公司以营销起家，短短 10 多年时间，年产值就达 15 亿欧元，产品遍及全球 55 个国家和地区，增长速度超过 50%，由一家酿酒企业跨入世界一流制鞋企业行列。而奥康集团从 3 万元起家，同样以营销制胜于中国市场，15 年的发展，产值超过 10 亿元。奥康集团与 GEOX 公司在很多方面非常相似，年轻、富有远见和同样的跳跃性增长轨迹，这也使得奥康集团总裁与 GEOX 公司总裁一见如故、惺惺相惜。

### （三）营造氛围

2015 年 2 月 14 日，也就是西方传统情人节，王振滔在上海黄浦江包下豪华邮轮宴请 GEOX 公司一行。在情人节月圆之夜，王振滔与 GEOX 公司总裁波莱加托举杯对饮，共谋发展大计。追求浪漫是现代人共同的价值取向，选择情人节为此次合作增添了浓郁的文化氛围和浪漫气息，借游船赏月品茗的美好氛围消除利益冲突引发的对抗，平衡谈判双方实力，也使得宾客尽欢。

谈判毕竟不是为交友而来，谈判者花在联络感情上的时间总是有限的，如果一种方法，能够用较少的成本赢得对手的友谊和好感，那就非赠送礼物以表情达意莫属了。王振滔选择寓含奥康集团和 GEOX 公司完美无缺之意的“花好月圆”青田玉雕，送给波莱加托先生。礼物虽轻，但表达了赠送人的情真意切。谈判双方建立起真诚的友谊和好感，对日后的履约和合作具有重要的意义。结果正如王振滔所愿，波莱加托对王振滔亲自策划的这些活动非常满意，也对奥康集团的策划能力有了更深的认识。

### （四）回避障碍

在正式谈判中，GEOX 公司有备而来，拟订了长达几十页的协议文书，每一条都相当苛刻，为了达成合作，双方都做了让步。但在两件事上出现了重大分歧。一是在对担保银行的确认上，奥康集团一方提出以中国银行为担保银行，对方不同意，经过权衡，双方本着利益均衡的原则，最后以中国香港某银行为担保银行达成妥协。二是双方关于以哪国法律解决日后争端的问题产生了分歧，此问题使谈判一度陷入破裂边缘。波莱加托提出必须以意大利法律为准绳，但王振滔对意大利法律一无所知，而予以坚决抵制。王振滔提议用中国法律，也因波莱加托对中国法律一窍不通而遭到了坚决反对。眼看所做的努力将前功尽弃，最后还是双方各让了一步，以第三国法律（英国）为解决争端法律依据而达成妥协。

### （五）达成协议

2015年2月20日，两家企业达成协议：奥康集团负责GEOX公司在中国的品牌推广、网络建设和产品销售，GEOX公司借奥康集团之力布网中国，而奥康集团也借GEOX公司的全球网络走向世界。

奥康集团是国内知名鞋业生产企业，GEOX公司是世界鞋业巨头之一。奥康集团和GEOX公司的合作无疑是一项互利的合作。王振滔认为，GEOX公司看中的不仅仅是奥康集团日前的硬实力，更多还是看中奥康集团的软实力，即一种积极向上、充满活力、诚信的企业精神。而奥康集团看中的则是GEOX公司这艘大船，它要借船出海，走一条国际化路线的捷径。

## 三、案例分析

### （一）奥康集团谈判策略运用的分析

从奥康集团与GEOX公司成功合作的谈判中，我们可以看到奥康集团实现企业发展的国际化战略，最终起决定作用的是采购谈判策略的精彩运用。从某种程度上说，奥康集团的谈判是一个精彩的谈判，为国内企业提供了谈判的新思路，熟练运用谈判策略可帮助企业获得谈判的成功。

1. 情感注入策略

本案例的最突出特点就是感情注入策略的成功运用。谈判开始，奥康集团总裁王振滔并没有向GEOX公司展示与奥康集团合作的优势是什么，而是通过充分的前期准备了解到GEOX公司的发展经历和奥康集团的发展经历有着很多相同之处，这是奥康集团的优势，可以迅速与谈判对手达成一种精神上的共鸣。因此，奥康集团最开始便展示出己方对对手的尊重和认同，同时表达出自己想和GEOX公司强烈合作的欲望，奠定了合作的基础。

本案例重点描述了情感注入在处理谈判障碍方面的重要作用。谈判的成功需要一个良好的谈判氛围，良好的谈判氛围可以弱化谈判双方的利益对抗。在谈判之前的情感注入或双方和谐氛围的营造对于谈判中障碍的回避是非常有效的，提前的情感注入对于障碍回避的效果要远优于在谈判双方出现谈判障碍后再采用情感注入的方式。案例中提到为了营造氛围消除利益对抗，奥康集团在上海黄浦江包下豪华邮轮宴请谈判对手，借游船赏月品茗之美好氛围有效回避利益冲突引发的对抗，这的确可称之为情感注入的经典。

人是有感情的，丰富的情感影响着每一个人的行为。谈判是否成功在很大程度上取决于双方利益的互惠，但有时情感的一致和交融确是谈判的制胜法宝。在谈判中，认可和考虑人的情感是十分重要的。一个好的谈判者，应该善于了解对手的需要和希望，努力寻找与之建立和维持长久友谊的契合点，有效回避谈判障碍，并使整个谈判向成功方向发展奠定心理基础。奥康集团情感注入策略的成功运用很值得其他国内企业集团和销售人员借鉴。

同时，奥康集团的情感注入策略成功的一大原因便是其充分的前期准备。“凡事预则立，不预则废”，进行采购谈判，前期准备工作非常重要。只有事先做好充足准备，谈判者才会充满自信，从容应对谈判中出现的突发事件、矛盾冲突，才能取得事半功倍的谈判结果。更进一步说，即便只有1%成功的希望，也要做好100%的准备，不管自己在谈判中处于优势还是劣势。

2. 回避障碍策略

谈判障碍主要包括谈判僵局和由于冲突导致的紧张对立的谈判气氛。当谈判中出现障碍时，如果不能得到很好的处理，将会直接影响谈判协议的达成，直接影响双方的商业利益。而所谓回避障碍策略，就是专指当谈判中出现障碍或者可以预见谈判障碍的出现时采取主动回避的策略，从而避免谈判障碍的出现或谈判障碍的激化。

有效地回避谈判障碍，在由于冲突对立而使销售谈判停滞时，为了达成协议，双方可以及时地做出一定程度的让步来回避谈判中的障碍。让步的目的是为了换取双方均等或大体均等的物质利益，绝不只是为了对方利益而让步。让步的程度要以双方满足为标准，双方让步的程度也要大体相同。当然回避障碍时要掌握一定的技巧和方法，以免给对方留下软弱的印象。

在谈判中，GEOX公司有备而来，拟订了长达几十页的协议文本，每一条都相当苛刻，为了避免由于条件的苛刻而导致激烈冲突甚至谈判僵局等谈判障碍的出现，双方都在不断地做出让步，通过让步来有效回避谈判障碍。

### （二）总结

谈判策略是指谈判人员为取得预期成果而采取的一些措施，它是各种谈判方式的具体运用。任何一项成功的谈判都是灵活巧妙运用谈判策略的结果，一个优秀的谈判人员必须谙熟各种谈判策略与技巧，学会在各种情况下，运用谈判策略达到自己的目标。正如奥康集团一样，在恰当的时间运用恰当的地点可以帮助企业获得本次谈判的成功。

**案例分析与讨论题**

1. 本案例中奥康集团采取了哪些谈判策略？
2. 请谈谈你知道的其他谈判策略及适用范围。
3. 谈判策略在谈判中的意义体现在哪些方面？

# 第五节　谈判前的充分准备帮助DH公司获得优势

## 一、案例背景

### （一）DH公司背景

DH公司是一家主要经营各类锅炉以及相关辅机的设计、制造、设备供货及安装一体的电力集团公司，于1900年在美国成立。DH公司的使命是为全球范围内的广大能源领域客户提供最优质的电力设备配套及相关服务。

DH公司生产的锅炉产品规模齐全、等级完善，从车间组装的燃油/燃气快装锅炉、联合循环废热锅炉，到世界上最大的循环流化床锅炉及无烟煤锅炉都有。至今，DH公司的电力集团已经为世界各地提供了超过1.7亿千瓦的锅炉设备，销售并交付了314台煤粉炉、350台循环流化床CFB锅炉、1071台磨煤机和945台工业锅炉。

通过不断采用业内领先的设计和建模工具，DH公司的工程设计能力也在持续提高。在电力设备的设计、制造与供货方面，DH公司承诺其对质量的专注和对卓越品质的追求将是永无止境的。

### （二）DH公司采购管理流程

DH公司于2008年进入中国市场，因为进入时间比较晚，所以其采购管理流程基本沿用美国公司的管理流程（见图4-1）。

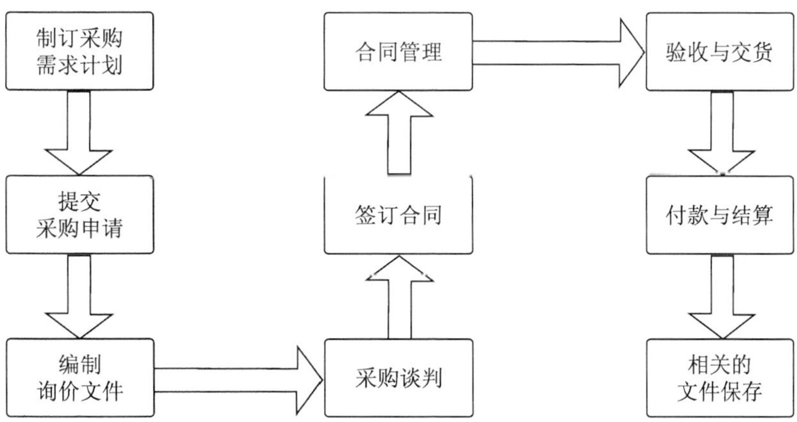


**图4-1　DH公司采购管理流程**

其中采购谈判主要采取准备、会谈、后续工作三步走的形式，会谈又包括五阶段（见图4-2）。

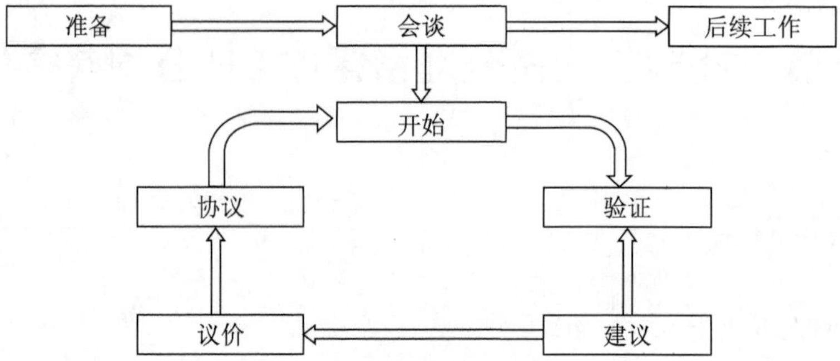


**图 4-2 DH 公司采购谈判的阶段**

## 二、案例陈述

DH 公司作为全球性的电力集团公司，执行的是先进的采购管理流程，其谈判阶段的设计以及会谈五阶段是非常科学的，与美国国际贸易委员会（ITC）的采购十二流程有着异曲同工之妙。DH 公司在采购谈判的准备阶段做得很好，其充分的谈判准备帮助 DH 公司拿下许多大型项目。

### （一）前期准备

2010 年 DH 公司拟与一日本电厂进行合作，主要内容是由 DH 公司负责提供日本电厂项目的所有锅炉及其辅件设备，包括安装、调试、售后服务等工作。该日本电厂在当地甚至是在亚洲地区有着良好的声誉，此项目是由于其部分设备老旧无法满足当地的用电需求，故需对原有设备进行修复和新建，于是在全球开始接洽合适的锅炉设备供应商，其中一位便是 DH 公司。

DH 公司谈判前收集了该日本电厂的相关信息，了解到该日本电厂所需要的锅炉并不是市面上常见的普通锅炉，而是为了配合日本政府新出台的环保条例特殊配置的锅炉。对 DH 公司来说，这是一个好消息，一是因为 DH 公司此前就基于自身的技术帮助客户定制过类似锅炉，有一定经验；二是由于较早获得日本方面的要求，在多部门协调配合中，DH 公司的研发设计部门解决了此前锅炉在能源节省方面的一个小问题，更为此次谈判增添了筹码。

另外，DH 公司得知该日本电厂所需修复的锅炉型号，经过制造部门确定，若想修复该锅炉，其中的一些零件必不可少，恰好这些零件在 DH 公司的上游供应商仍在生产。于是 DH 公司制订了一个供应计划，认为若谈判后想及时获得这批零件，需提前与该供应商联系，因为该零件生产需要一段时间，应先与供应商签订一个框架协议，可以确保谈判成功后履行过程中获得先发优势。

### （二）谈判过程

谈判开始，DH 公司谈判代表先向日方代表详细介绍了所生产的锅炉，DH 公司电站锅炉项目的基本供货范围包含 30～40 个主要锅炉零部件产品。同时根据日方需求，可以在 DH 公司独有的技术基础上设计符合其要求的特殊锅炉。在技术方面，DH 公司与日方代表快速达成一致，迅速进入价格方面的谈判。

按照惯例，由日本方面先报价，开价 9 亿元人民币。DH 公司谈判代表事先做了精心准备，充分掌握了与谈判有关的种种情报，知道日方的报价远低于己方产品的实际价格，便拒绝说："根据我们对同类产品的了解，贵公司的报价只能是一个参考，很难作为谈判的基础。"并巧妙地提问："不知贵公司是否了解市场上生产此类产品的公司一共有几家？是否了解 DH 公司？"

DH 公司谈判代表的提问使日方代表非常吃惊，日方主谈笑着打圆场，做了一番解释，同意增加 5000 万元人民币。DH 公司主谈根据掌握的交易信息，并且以对方不经请示，就可以决定增加 5%的让步信息作为还价的依据，提出 1 亿元人民币的还价。但马上遭到了日本方面的拒绝，谈判陷入了僵局。

由于此时谈判已经进行过半，为了打开谈判的局面，DH 公司谈判代表以掌握详细情报为依据，开始摆事实讲道理。首先，DH 公司谈判代表基于日方对于锅炉及其配件的特殊要求，说明 DH 公司完全能满足要求，同时针对日方所需的特种锅炉，DH 公司已将近三年的相关项目资料提供给日方，在技术方面，双方都没有问题。其次，DH 公司知道日方对该项目时间有一个规划，并且这个项目很大，所以在供货上，DH 公司会优先向日方供货，以保证项目的正常运行。最后，DH 公司向日方承诺，给日方的报价是史无前例的优惠价，一是因为 DH 公司愿意与日方建立长期合作伙伴关系，共同促进双方公司的做大做强；二是因为 DH 公司想通过与日方的合作开拓日本市场，所以将利润降到了最低，10 亿元人民币已经是 DH 公司的极限了。

### （三）谈判结果

在 DH 公司谈判代表的强大攻势面前，日方代表不得不败下阵来，被 DH 公司所掌握的详细情报和坦诚的态度所折服，觉得 DH 公司谈判代表的还价有理有据，无可挑剔，只好握手成交。在这场激烈的交锋中，DH 公司谈判代表之所以能够获得极大的成功，关键就在于他们掌握了大量详细的"与谈判标的有关的情报"，并巧妙地用这些情报为谈判服务。采购谈判中，需要采购员做好前期的准备，而对方的相关情报便是不可或缺的一部分。

## 三、案例分析

### （一）DH 公司谈判前的充分准备

DH 公司电站锅炉项目的基本供货范围包含 30～40 个主要锅炉零部件产品。由于 DH 公司所执行的所有项目均为专有技术设计，针对重要产品制订有效的采购谈判计划是非常重要的。这种谈判计划应该包含所需产品的全方位要求、对当前市场的分析、全面的谈判计划和策略。

1. 明确谈判需求

谈判前的思考、项目团队的沟通、明确谈判的议题、确定谈判的时间安排、确定谈判方案，这些对谈判的过程和结果起到关键的作用。例如，对锅炉中使用的锅炉压力部件，在采购谈判前要安排内部项目团队包括项目工程师、技术工程师、质量工程师和项目采购等成员进行讨论，整理好此产品对技术上的基本要求。与此同时，和采购商讨论并确认技术问题，针对产品质量的特殊要求遵循相应的执行标准，整理和探讨供应商的商务要求和对公司基本条款的偏差。

同时，DH 公司所有项目中提供的都是一些在独有的技术基础上根据业主的要求设计出来的锅炉，相对于采购一些市场化的、标准化的产品，采购过程有一定的挑战。对于采购商来说，供应商资源有限、产品设备设计质量要求高、产品价值高、供货周期长这一系列的问题都有一定难度，所以在谈判前确定采购谈判的利益点和目标至关重要。对于 DH 公司来说，谈判的利益点和目标就是以合适的价格销售满足顾客特殊要求的产品。

2. 确定时间计划

根据项目采购计划的时间安排确定与各个供应商谈判的时间计划，这个也是顺利完成采购计划的关键，成功地安排谈判时间直接影响谈判的过程和结果。这个时间计划包括公司内部各部门是否可以共同参与，DH 公司是否可以调动各部门相关专业的人员参加，在同一时间共同解决双方各自的问题，高效率地完成谈判。如果在采购前不能很好地整理谈判的思路，将直接影响谈判的效率、过程、判断和结果。

3. 掌握产品技术信息

DH 公司的项目是以自己的公司技术为基础为业主提供先进的项目方案、技术、工艺、设备及安装。项目中采购的产品，不同于常规产品的采购，面对的都是一些有能力的供应商。同时因项目设计或执行计划的变动，还需要进行紧急采购，所以获取谈判优势，是非常有必要的。

在采购谈判前，找出将要采购产品的特点和基本要求，做到“懂”产品、“懂”技术，这样才能核实供应商真正的水平和能力，避免片面交流。

### （二）谈判准备的重要性

在采购谈判中，对对手的了解越多，越能把握谈判的主动权，就好像预先知道了招标的标底一样，越接近标底，自然成本最低，成功的概率最高。进行一场采购谈判，前期工作非常关键，谈判准备工作做得充分可靠，谈判时就会增强自信，从容应对谈判过程中的变化，处理好各种问题，在谈判中处于主动地位，为取得谈判成功奠定基础。DH公司便是在前期准备过程中充分收集日方资料，在谈判中面对日方设置的各种高价格陷阱都可以游刃有余地避开，同时攻击对方的短板使对方哑口无言。反之日方，由于在谈判前期并没有充分收集到DH公司相关资料，所以其在面对DH公司咄咄逼人的问题时出现各种问题，为DH公司创造了谈判成功的有力武器。

只有谈判前收集了有关的情报，才能采用相应的谈判策略、方法，有针对性地制订相应的谈判方案和计划。谈判的情报主要有两方面：一是谈判标的有关情报，二是谈判对手有关情报。正如DH公司所说，日方所给出的价格只能是一个参考，因为DH公司在谈判前就已经了解了市场上同类产品的相关信息，所以可以很快地判断日方给出的价格远高于市场价，有很大的谈判空间。这样就使得DH公司谈判代表侃侃而谈，而面对DH公司获取的准确情报，日方代表则哑口无言。这就是掌握情报重要性的体现。而谈判中最忌讳的便是准备不周，缺乏准备。

### （三）总结

了解对手时不仅要了解对方的谈判目的、心理底线等，还要了解对方公司经营情况、行业情况、谈判人员的性格、对方公司的文化、谈判对手的习惯与禁忌等。这样便可以避免很多因文化、生活习惯等方面的矛盾以及对谈判产生额外的障碍。还有一个非常重要的因素需要了解并掌握，那就是其他竞争对手的情况。比如，一场采购谈判，作为供货商，要了解其他供货商的情况，还有其他可能和自己合作的其他采购商的情况，这样就可以适时给出相较其他供货商略微优惠一点的合作方式，那么将很容易达成协议。如果对手提出更加苛刻的要求，就可以把其他采购商的信息拿出来，让对手知道自己是知道底细的，同时暗示，有很多合作的选择。反之，作为采购商，也可以采用同样的反向策略。

**案例分析与讨论题**

1. 结合案例，试分析除充分准备外，还有什么因素帮助DH公司获得此次谈判的胜利？

2. 谈判前需要准备哪些工作？

3. 谈判前充分准备的意义是什么？

# 第六节　基于竞争性谈判的政府采购

## 一、案例背景

### （一）背景简介

随着旅游经济的蓬勃发展，X 市风景区旅游高峰期也逐渐延长。日前，X 市风景区发现，景区停车场无法满足游客所需，以致出现景区周围乱停车以及周边住户乱收停车费等现象。

根据 X 市停车场建设和管理暂行规定第五条规定：新建、改建、扩建的大型旅馆、饭店、商店、体育场（馆）、影（剧）院、展览馆、图书馆、医院、旅游场所、车站、码头、航空港、仓库等公共建筑和商业街（区），必须配建或增建停车场；有条件的小型公共建筑必须配建自行车停车场。停车场应与主体工程同时设计、同时施工、同时使用；大型公共建筑工程设计没有停车场规划的，城市规划部门不予批准施工。规划和建设居民住宅区，应根据需要配建相应的停车场。机关、团体、企业、事业单位应根据需要配建满足本单位车辆使用的停车场。应当配建停车场而未配建或停车场地不足的，应逐步补建或扩建。X 市风景区决定扩建停车场以满足游客所需。

### （二）竞争性谈判

X 市风景区停车场建设工程项目预算是在政府采购集中采购目录 200 万元限额的标准以上，于是该风景区委托该市政府的招标代理机构组织了一次竞争性谈判。

竞争性谈判，是指采购人或者招标代理机构直接邀请三家以上供应商就采购事宜进行谈判的方式。竞争性谈判采购方式的特点是：一是可以缩短准备期，能使采购项目更快发挥作用。二是减少工作量，省去了大量的开标、投标工作，有利于提高工作效率，减少采购成本。三是供求双方能够进行更为灵活的谈判。四是有利于对民族工业进行保护。五是能够激励供应商自觉将高科技应用到采购产品中，同时又能转移采购风险。

但是并不是所有的政府采购都适用于竞争性谈判，根据《中华人民共和国政府采购法》（以下简称《政府采购法》）第三十条规定，符合下列情形之一的货物或者服务，可以依照本法采用竞争性谈判方式采购：

（一）招标后没有供应商投标或者没有合格标的或者重新招标未能成立的；

（二）技术复杂或者性质特殊，不能确定详细规格或者具体要求的；

（三）采用招标所需时间不能满足用户紧急需要的；

（四）不能事先计算出价格总额的。

由于X市风景区对于停车站建设的需要迫在眉睫，而采取公开招标所耗费的时间过长，满足采用竞争性谈判的情形之一：采用招标所需时间不能满足用户紧急需要的。选择竞争性谈判采购方式，且资金预算为790万元。

## 二、案例陈述

X市风景区确认采取竞争性谈判方式来选择供应商扩建停车场后，开始着手准备相关文件和程序，竞争性谈判流程如图4-3所示。

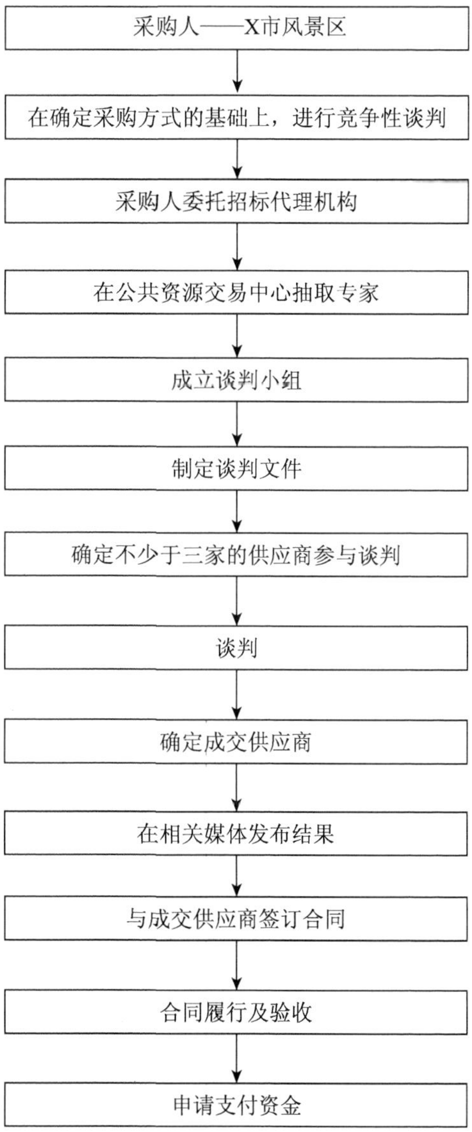


**图4-3　竞争性谈判流程**

谈判小组由采购人代表和专家共三人以上单数组成，其中专家的人数不得少于成员总数的 2/3。

谈判文件应当明确谈判程序、谈判内容、合同草案的条款以及评定成交的标准等。

谈判小组所有成员集中与单一供应商分别进行谈判。谈判中，谈判的任何一方都不得透露谈判有关信息。谈判文件有实质性变动的，谈判小组应当以书面的形式通知所有参加谈判的供应商。

谈判结束后，谈判小组应当要求所有参加谈判的供应商在规定时间内进行最后报价，采购人从谈判小组提供的成交候选人中根据符合采购需求、质量和服务相等且报价最低的原则确定成交供应商，并将结果通知所有参加谈判的未成交的供应商。

下面仅从五个重要方面对 X 市风景区的竞争性谈判进行描述。

### （一）成立谈判小组

根据有关规定要求，X 市风景区成立了谈判小组。谈判小组应由采购人的代表和有关专家共三人以上的单数组成，其中专家的人数不得少于成员总数的 2/3，其中谈判小组的人数必须是单数，这一规定便于谈判小组在做出有关决议时能够以多数形成表决结果。基于此依据，X 市风景区成立的谈判小组共五人，其中两名分别是 X 市风景管理处财务处处长和法务处处长，他们作为 X 市风景管理处的代表参与此次谈判。剩余三人为相关领域的专家，当天上午通过公共资源交易中心邀请而来，确保其不与本次谈判的供应商有联系。

### （二）制定谈判文件

X 市风景区根据相关法规程序制定了谈判文件，谈判文件中明确了谈判程序、谈判内容、合同草案的条款以及评定成交的标准等事项，并包含了谈判供应商须知和省级以上财政部门规定的其他事项，并在财政部门指定的政府采购信息媒体上发布竞争性谈判公告。公告至供应商谈判文件递交截止时间为 20 天。

### （三）确定供应商名单

X 市风景区共收到 10 份谈判文件，经资格审查后发现，确定符合相应资格条件只有 2 家供应商。根据《政府采购法》相关规定，若出现“符合专业条件的供应商或者对招标文件作实质响应的供应商不足三家的”情况时，应予废标。但是由于 X 市风景区停车场扩建项目急需进行，于是 X 市风景区便与其招标代理机构进行协商，要求将其中一家供应商（X 市工程建设有限公司）的资格审查判定为合格，让该供应商参与接下来的谈判活动，同时让此次竞争性谈判顺利进行，省去再次准备竞争性谈判的时间。

X 市工程建设有限公司与该风景区有着紧密合作，景区内部游乐设施均为该建设有限公司组织建设，由于种种原因导致 X 市风景区至今仍然拖欠该建设有限公司 30%

工程款。此次停车场扩建项目经双方私下达成协议，X市风景区将该项目的50%承包给X市工程建设有限公司，以此抵押X市风景区拖欠的30%的工程款。

经过X市风景区和招标代理机构的私下运作，最终确定包括X市工程建设有限公司在内的三家供应商参加此次X市风景区停车场扩建项目的竞争性谈判，并向其提供谈判文件。

### （四）开展竞争性谈判

X市风景区谈判小组所有成员集中与单一供应商分别进行谈判。在谈判中，发现谈判的供应商即三家施工企业所提交的信息十分相似，包括技术资料、价格和其他信息的雷同，同时，经过对比市场平均价格发现，三家施工企业给出的报价均高于行业平均水平，与其历年报价相比甚至高出20%，但是今年市场价格上涨的幅度不超过5%。

这些反常情况引起了谈判小组的注意，根据相关规定，谈判中谈判的任何一方都不得透露与谈判有关的其他供应商的技术资料、价格和其他信息。为更好地判断该反常情况，谈判小组决定再次与各供应商进行谈判，并临时邀请其他专家对三家供应商的谈判文件进行对比分析（见表4-1）。

表4-1　三家供应商部分信息对比

| | X市工程建设有限公司 | H市工程建设有限公司 | X市停车场建设有限公司 |
|---|---|---|---|
| 资格审查 | 合格 | 合格 | 合格 |
| 一轮报价（万元） | 890.88 | 892.33 | 891.77 |
| 二轮报价（万元） | 890.88 | 892.33 | 891.77 |
| 三轮报价（万元） | 801.79 | 892.33 | 891.77 |
| 技术资料 | 技术规格基本一致 | | |
| 分项报价 | 分项报价基本一致 | | |
| 技术响应、偏离情况说明表 | 技术响应、偏离情况说明表基本一致 | | |

谈判小组在谈判过程中发现参加谈判的三家供应商第一轮报价分别为890.88万元、892.33万元、891.77万元。经过三轮谈判，三家最终报价分别为801.79万元、892.33万元、891.77万元，只有一家施工单位降价，且经过专家对三家供应商谈判文件的对比分析，发现三家供应商谈判文件基本一致，判定参与谈判的这三家供应商串标。

### （五）确定成交供应商

由于X市风景区谈判小组在谈判过程中发现参加谈判的三家供应商出现串标行为，

且最终报价均超过了采购项目的资金预算，认定此次竞争性谈判不符合国家标准，谈判小组当场宣布该项目竞争性谈判失败。所以此次X市风景区停车场扩建项目未确定成交供应商，按废标处理，并将结果通知给各供应商。

## 三、案例分析

### （一）失败原因

X市风景区停车场扩建项目的失败不是一件坏事，因为此次竞争性谈判存在许多问题，包括流程的不规范、供应商出现串标等问题，这些都不是一方作用的结果，而是X市风景区、招标代理机构和供应商三方共同作用的结果。

1. 内定项目供应商

因在前期建设X市风景区相关工程时拖欠了个别供应商的工程款，于是此次竞争性谈判前，X市风景区事先与该供应商达成协议，将其内定为本次停车场扩建项目的供应商之一，承诺并指定后续工程为该企业施工承建。

由于X市停车场建设工程项目预算高达790万元，为确保政府采购项目资金及时足额到位，履行政府采购程序，X市风景区必须按采购流程报送政府采购监管部门审核，确定采用竞争性谈判方式采购后，与招标代理机构签订委托代理协议。于是X市风景区决定一方面按照相关规定进行竞争性谈判相关流程，另一方面却早早地将该供应商内定为本次X市风景区停车场扩建项目的施工单位。

2. 资格审查走过场

按照《政府采购法》第二十三条规定：采购人可以要求参加政府采购的供应商提供有关资质证明文件和业绩情况，并根据本法规定的供应商条件和采购项目对供应商的特定要求，对供应商的资格进行审查。

根据法定的供应商条件和采购项目对供应商的特定要求，X市风景区委托的招标代理机构对供应商的资格进行审查。当出现供应商数量不足三家时，此时应废标。但是该机构并未采取废标，而是在X市风景区的建议下，将不合格的供应商也纳入合格供应商行列，继续进行竞争性谈判相关流程。

3. 供应商合谋串标

参加此次竞争性谈判的三家供应商谈判文件雷同，经过谈判小组判定，三家供应商事先就恶意串通一气，合谋抬价。可以发现三家报价相差仅几万元不等，在技术资料、分项报价和技术响应、偏离情况说明等方面出奇相同，其目的在于提高成交价格，造成谈判报价一家说了算，乃至在最终报价上只有一家在第一轮报价的基础上稍做下调，而另外两家不做丝毫让步，迫使X市风景区选择该供应商，使竞争性谈判失去了现实意义，极其明显地出现了垄断行为，有失公平竞争。

### （二）实施建议

竞争性谈判是政府采购的一种方式，其存在的意义在于帮助政府机关或事业单位寻求以恰当的成本和时间购买恰当的产品和服务。而在本次竞争性谈判中出现了该风景区内定供应商、招标代理机构资格审查走过场、供应商合谋串标等行为。这并不是偶然现象，在现实生活中的确存在类似行为，所以应给出竞争性谈判的建议。

无论是风景区、招标代理机构还是供应商，都应遵循相关法律法规，做到公平、公正、公开和诚实信用。本案中的三方均违背了《政府采购法》及其原则。风景区和招标代理机构的行为侵犯了其他供应商的合法权利，供应商合谋串标抬高价格的行为侵犯了采购方即该风景区的权益，同时造成了公共资源的浪费，且会造成一系列不良后果。故在此建议，无论采取何种方式进行政府采购，均要依法依规进行。

### （三）总结

此次竞争性谈判的失败，X 市风景区有着不可推卸的责任，其违背了政府采购所遵循的公平、公正、公开和诚实信用的原则。但同时，三家供应商的串标行为也是导致此次竞争性谈判失败的原因，企图通过串标这种投机行为以一个较高的价格骗取中标，实质上是一种无序竞争、恶意竞争行为，它扰乱了正常的招投标秩序，妨碍了竞争机制应有功能的充分发挥，往往使中标结果在很大程度上被操纵在少数几家企业手中，而使有优势、有实力中标的潜在中标人被拒之门外，破坏了建设市场的正常管理和诚信环境，严重影响政府采购的公正性和严肃性。

**案例分析与讨论题**

1. 请指出 X 市风景区在此次竞争性谈判的失败原因。
2. 请结合案例和所学知识，说明竞争性谈判和公开招标的异同。
3. 请对案例中采购谈判的失败进行讨论，并指出重新谈判的应对措施。

# 第七节　谈判风格对谈判的影响

## 一、案例背景

### （一）J 航空公司

J 航空公司是世界第三大航空公司，世界 500 强企业之一，一度被视作“日本株式会社”第二次世界大战后经济繁荣的骄傲象征。1951 年 8 月 J 航空公司以一个私有制公司的形式建立。经过一系列的变革，逐渐开通多条航线，成为国际性航空公司。

一直以来，J航空公司的客机都倾向于使用美国的波音系列客机。自1984年起，J航空公司被公认为是全球拥有波音747客机最多的航空公司。

### （二）合作前因

近年来，J航空公司发现日前使用的客机频频出现顾客抱怨客舱舒适度低、燃油消耗大、零部件更换困难和维修费用高昂等问题。这些问题的显露促使J航空公司必须立即做出决定，是继续寻找零部件进行更换，还是购买新的客机以满足航线需要。两个方案引起了两种不同的看法，公司高层经过一番讨论决定选择更换部分老旧客机满足航线需要。

随之而来的问题是购买哪种客机，选择哪位供应商？J航空公司非常苦恼。经过大规模的全球寻源，J航空公司仍然选择美国波音公司的新型客机。这是因为波音公司近日推出一款新型客机，相较于传统客机来说，其机身结构更加简洁、客舱空间的扩大给顾客营造了舒适的乘机环境、航程提高20%。更重要的是该款客机有着前所未有的燃油率，提升资源利用效率，为环保做出巨大贡献，且能为J航空公司节省不菲的燃料费用。

## 二、案例陈述

J航空公司为提升服务决定更换部分老旧客机，得知波音客机再次更新，经过各项参数对比，认定该客机非常符合己方期望，于是打算从美国引进10架新型波音客机。公司内部指定常务董事任领队，财务经理为主谈、技术部经理为副谈，组成谈判小组去美国洽谈合作。

### （一）准备阶段

1. 收集并分析信息

J航空公司非常重视此次谈判，为确保谈判的顺利进行，谈判人员做了充足的前期准备，收集大量信息进行分析，以期找到谈判对手的弱点（见表4-2）。

表4-2 信息的收集

| | |
|---|---|
| 公司的需求 | 10架及以上新型波音客机 |
| 供应市场分析 | 市场准入门槛高、现有供应商数量少、技术要求严格、价格昂贵、供应风险大 |
| 供应战略 | 价值高、高IOR（影响、机会和风险）属于公司关键品项 |
| 期望的供应商关系 | 建立长期合作伙伴关系 |
| 供应商的价格和成本 | 略高于市场平均价格5%<br>成本约等于价格的80% |

续　表

| | |
|---|---|
| 供应商的能力 | 世界500强企业之一，与两大国际航空公司有着密切合作，以优质的产品和售后服务享有盛誉 |
| 供应商的积极性 | 对公司的态度是不卑不亢 |
| 供应商的谈判人员 | 一位富有经验的主谈加上三位副谈 |
| 双方的实力对比 | 实力相差不大，均为各行业的优秀者 |

J航空公司谈判小组通过对表4-2分析，发现由于己方与对手实力相差不大，且对手的积极性并不是特别高，所以无法通过订单吸引该供应商，这在一定程度上会导致谈判失败。这是J航空公司所不愿看到的，经过一番讨论，谈判人员将重点放到对手的主谈上，决定从其谈判风格着手。

2. 针对谈判风格制订策略

谈判风格是指谈判人员在谈判过程中通过言行举止表现出来的建立在其文化积淀基础上的与对方谈判人员明显不同的关于谈判的思想、策略和行为方式等的特点。这一概念包括如下几层含义：首先，谈判风格是在谈判场合与过程中表现出来的关于谈判的言行举止；其次，谈判风格是对谈判人员文化积淀的折射和反映；再次，谈判风格有其自身的特点，与不同国家或地区的风格存在显著的差异；最后，谈判风格历经反复实践和总结，被某一国家或民族的商人所认同。

美国波音公司的主谈是一名经验丰富的谈判人员，为波音公司带来了许多优质订单。通过对其以往谈判风格分析，发现该主谈善于发现或制造机会，并且抓住机会迅速做出决策，很容易让谈判双方建立联系。同时，该主谈非常有活力，思维灵活，喜欢与谈判对手讨价还价，具有实现目标的强烈愿望。这些特质都彰显着该主谈的谈判风格属于交易型。

作为典型的美国人，该主谈及其团队还具有如下特点：性格开朗、自信果断，办事干脆利落，重实际，重功利，以成败来评判每个人。在谈判中重视效率，追求实利。习惯于按照合同条款逐项进行讨论，解决一项，推进一项，尽量缩短谈判时间。十分精于讨价还价，从国内市场到国际市场的走势甚至最终用户的心态等各个方面劝说对方接收其价格要求。美国人在谈判某一项目时，除探讨所谈项目的品质规格、价格、包装、数量、交货期及付款方式等条款外，还包括该项目从设计到开发、生产工艺、销售、售后服务以及为双方能更好地合作各自所能做的事情等，从而达成一揽子交易。

基于对手主谈及其团队的谈判风格，J航空公司谈判小组决定要尽力去挖掘波音公司最隐蔽的利益，在谈判过程中经常总结和检验他们的理解，交易时做出一定的让步，但是不要轻易改变，同时从假设中分析提取事实，在最终同意之前确认是否理解交易所涉及的所有问题。与此同时，同美国人谈判，就要避免转弯抹角的表达方式，是与非必须保持清楚，如有疑问，要毫不客气地问清楚，否则极易引发双方的利益冲突，甚至使谈判陷入僵局。

（二）会谈阶段

J航空公司谈判代表飞抵美国的第二天，谈判开始了。

1. 开始

J航空公司三位谈判代表按约定到达波音公司的会议室。出乎美方意料的是，三位J航空公司谈判代表动作迟缓，慢吞吞地喝着咖啡，好像还在缓解时差的不适。精明而又讲究效率的波音公司主谈把J航空公司谈判代表的疲倦懈怠看成是可乘之机，在开门见山地重申双方购销意向之后，迅速把谈判引入“概说”阶段。

从早上9点到11点半，三架放映机相继打开，字幕、图表、数据、电脑计算、辅助资料和航行画面应有尽有，波音公司谈判代表以极其全面的准备资料“淹没”了J航空公司谈判代表，希望以详细的数据使J航空公司谈判代表明白该公司提供的波音客机的性能和定价都是合理的。然而整个过程J航空公司谈判代表只是静静地坐在一旁，一句话也没说。波音公司谈判代表自信这些足以使对方相信波音公司飞机的性能和定价都是无可挑剔的。

2. 验证

波音公司谈判代表讲完后长长地舒了口气，关掉机器，拉开窗帘，充满自信地问J航空公司谈判代表：“你们认为如何？”一位J航空公司谈判代表斯文有礼，面带微笑地说：“我们看不懂。”

波音公司谈判代表脸色倏地变得惨白：“你说看不懂是什么意思？什么地方看不懂？”J航空公司主谈笑了笑：“都不懂。”

波音公司谈判代表急切地追问：“都不懂是什么意思？请具体说明你们是从什么时候开始不明白的？”J航空公司主谈说：“对不起，从拉上窗帘那一刻开始。”

眼看半天的努力全部化为泡影，波音公司谈判代表几乎要骂出来。他们只好重新拉上窗帘，不过接下来的那两个小时的介绍已经失去了最初的热诚和信心。

3. 建议

谈判进入交锋阶段。J航空公司谈判代表的表现同样使波音公司谈判代表大失所望，他们听觉不灵、反应迟钝，很难甚至根本不能理解对方的谈话。波音公司谈判代表详细准备好的论点、证据都没有用了，精心设计的谈判计划也无用武之地。几天下来，波音公司谈判代表已被搅得烦躁不安，越来越说不清楚，只好直截了当地问对方：“我们飞机的性能是最好的，报价也是合情合理的，你们有什么异议吗？”此时J航空公司主谈似乎由于紧张忽然出现语言障碍，结结巴巴地说：“第、第、第一，价、价……”“你要说的第一点是价格吗？这点可以商量。第二点是什么？”“性、性……”

“你说的是性能吗？只要J航空公司方面提出书面要求，我们一定满足。”J航空公司代表连连点头。

4. 议价

接着就开始商谈价格，这笔大宗交易还价应该按国际惯例采取适当的幅度，可是J航空公司谈判代表似乎全然不知，一开口就要求削价20%，波音公司谈判代表听了大吃一惊，可发现对方的态度认真，不像是开玩笑，为了表示诚意，于是便说：“我们可以削价6%。”

由于双方差距太大，谈判暂告结束。

下午，J航空公司谈判代表第二次还价，要求削减18%。波音公司坚持原来的立场，又一轮激烈的争论开始了，双方谁也说服不了谁。波音公司主谈已对这笔交易失去了耐心，提出休会：“我们双方在价格上差距太大，有必要寻找新的解决办法。如果你们同意，两天后双方再谈一次。”

J航空公司谈判代表在休会期间反复权衡利弊。重新回到谈判桌上后，J航空公司谈判代表降低了6个百分点，提出削价12%，波音公司谈判代表仅做出削价7%的让步，谈判又陷入僵局。

5. 协议

经过长时间的沉默，波音公司主谈决定终止谈判，开始收拾文件。这时，J航空公司主谈突然流利地说道：“你们对新型飞机的介绍推销使我们难以抵抗，如果同意降价8%，我们现在就起草购买11架飞机的合同。”说完，他笑吟吟地起身把手伸向对方。

“同意。”波音公司谈判代表也起身和精明的谈判对手握手，“祝贺你们，用最低的价格买到了世界上最先进的飞机。”

### （三）签订协议

敲定最终价格后，J航空公司与波音公司的谈判迅速进入尾声。最终，J航空公司谈判代表用10架飞机的价钱买回了11架飞机，正式签订协议。

## 三、案例分析

J航空公司谈判代表在面对双方实力相等、无法获得绝对谈判优势的情况下，通过相关数据分析，从对方谈判代表的谈判风格出发，有针对性地制订策略，最终取得了谈判的成功。

### （一）谈判风格的重要性

从J航空公司与波音公司的谈判中会发现，谈判风格对谈判有着不可忽视的作用，甚至关系谈判的成败。

1. 为谈判策略提供依据

谈判风格最重要的意义是为谈判策略的运筹提供依据。如果J航空公司谈判代表不研究波音公司谈判代表的谈判风格或缺乏这方面的知识，那就会在制订谈判策略时束手无策，更谈不上有针对性地根据对方的谈判风格制订策略，也会加大此次谈判的不可控因素，降低谈判的成功率。

与此同时，谈判风格所涉及的知识领域非常广阔，既有天文的、地理的、社会的、宗教的、民俗的、文化的，又有心理的、行为的、政治的、经济的等。这些知识本身就会为谈判提供依据和帮助。在充分了解谈判对手的谈判风格情况下，有针对性地根据对手的谈判风格制订策略，一定程度上可以提高谈判的成功率，为公司创造效益。

2. 营造良好的谈判气氛

良好的谈判气氛是保证谈判顺利进行的首要条件。如果对谈判对手的谈判风格十分熟悉的话，言行举止会十分得体，能较快地赢得对方的好感，使他们从感情和态度上接纳你。在这样的氛围下开展谈判，深入探讨问题，自然会容易得多。

J航空公司谈判代表在前期营造的并不是一个良好的谈判气氛，他们通过慢吞吞的动作，不甚流利的语音营造出一种令美方焦虑的谈判气氛，打乱波音公司谈判代表的节奏，使自己在波音公司谈判代表全面性资料的“淹没”下寻得一丝生机。后期，在掌握相关信息后，J航空公司谈判代表开始营造一种良好的谈判气氛，主动降价显示诚意，但同时坚守底线，最终为J航空公司赢得了最低价格最优飞机。

### （二）巧妙结合风格与技巧

J航空公司谈判代表以其高超的技术将谈判风格与谈判技巧的巧妙结合，赢得了此次谈判的胜利。

1. 挖掘利益与掩盖兴趣

为挖掘波音公司谈判代表的隐蔽利益，一开始，J航空公司谈判代表采取的技巧是不表露出对供应商的认可和对商品的兴趣。J航空公司谈判代表借助倒时差这一事实，用行动迟缓、慢吞吞喝咖啡这些动作诱导波音公司谈判代表认为现在是一个可乘之机。显然，波音公司谈判代表上钩了，在其滔滔不绝的讲解中，J航空公司谈判代表得到了自己想要了解的信息。同时，波音公司谈判代表为吸引J航空公司谈判代表的兴趣，不得不吐露更多自己的隐蔽利益，这些都进一步帮助J航空公司谈判代表收集信息。

这其实也利用了波音公司谈判的心理。交易开始前，对方的期待值会决定最终的交易条件，所以有经验的采购员，无论遇到多好的商品和价格，都不过度表露内心的看法。J航空公司谈判代表很好地做到这一点，让波音公司谈判代表得到一个印象：费九牛二虎之力，终于获取了对方的认可。永远不要忘记：在谈判的每一分钟，要一直持怀疑态度，不要流露出与对方合作的兴趣，让对方感觉他在你心中可有可无，这样可以比较容易获得有利的交易条件。

2. 做出让步与提高要求

J 航空公司谈判代表在制订策略时表示可以适当让步，这并不是真正的让步，因为在谈判的过程中，J 航空公司谈判代表提出了一个远低于正常价的价格，这其实是在为其之后的让步做铺垫，这样即使让步，J 航空公司也不会损失过多。

在谈判中适时提出一两个很高的要求，对方必然无法同意，在经历一番讨价还价后可以进行让步，把要求降低或改为其他要求。这些高要求本来就没打算会达成协议，即使让步也没损失，但是却可以让对方有一种成就感，觉得自己占了便宜。这时，较低的要求就很容易被对方接受，但切忌提出太离谱、过分的要求，否则对方可能觉得没有诚意，甚至激怒对方。先抛出高要求也可以有效降低对手对于谈判利益的预期，挫伤对手的锐气。

### （三）总结

谈判的关键是达成谈判双方的心理平衡，达成协议的时候就是双方心理都达到平衡点的时候。即认为，自己在谈判中取得了满意或基本满意的结果。这种满意包括预期的达到、自己获得的利益、谈判对手的让步、自己获得了主动权、谈判时融洽的气氛等，有时谈判中的这种平衡和利益关系并不大。所以，在谈判中可以输掉谈判，但要赢得利益。可以表面上做出让步，失掉一些利益，给对手一种攻城略地的快感，实则是撒了遍地的芝麻让对手乐颠颠地去捡，自己偷偷抱走对手的西瓜。

**案例分析与讨论题**

1. 谈判风格有哪些？本案例中用了哪些谈判风格？

2. J 航空公司谈判代表是如何控制谈判的进程，掌握谈判主动权的？

3. J 航空公司谈判代表如何运用策略促成交易？

# 第五章　采购合同

## 第一节　付款方式对合同履行的影响

### 一、案例背景

#### （一）公司简介

新疆长绒棉有限责任公司坐落于新疆阿克苏阿瓦提县北郊，成立于 2005 年，是一家专注于通过新疆长绒棉带动当地经济的公司。近年来，新疆长绒棉有限责任公司带领阿克苏地区种植棉花面积达 20000 亩，积极引进棉花新品种，提高了棉花单产量，增加了阿克苏地区农民的收入，深得当地群众拥护，树立了良好的企业品牌形象，并逐渐走向全国，走向世界。

#### （二）公司发展现状

棉花是我国纺织工业重要的原料，也是我国出口创汇的重要物资。棉花市场的状况不仅影响着我国数以万计纺织工人的生计，关系着纺织工业的发展，而且会进一步影响国家出口创汇、财政收入的增加等方面。近年来，政府出台相关政策扶持棉花产业的发展。

新疆作为最适于植棉生长的自然环境条件的地区，为棉花的生长提供了我国其他棉区所不及的良好条件。因此，新疆种植棉花有较大优势，比如病虫害种类少，危害程度轻，特别是没有红铃虫危害，这就减少了防治病虫的劳力与费用，降低了生产成本。此外，新疆棉花品质好、品级高，受到国内外的一致好评，认为新疆棉花可纺性好、色白，可与美国加利福尼亚州的棉花相媲美。

在政府的扶持下，新疆长绒棉有限责任公司迅速发展，不仅为国内提供了大量棉花，同时部分优质长绒棉出口日本、韩国等多个国家。世界棉花的减产导致棉花国际价格不断增加，于是，新疆长绒棉有限责任公司转变策略，积极向世界出口优质棉花。

## 二、案例陈述

2015 年 7 月，新疆长绒棉有限责任公司与韩国棉花制成品集团双方达成协议，签订了一份购买优质长绒棉的采购合同。

### （一）合同内容

该采购合同约定：买方为韩国棉花制成品集团、卖方为新疆长绒棉有限责任公司；买卖优质长绒棉 1000 吨；单价每吨为 1560 美元；装运期应在 2015 年 8 月 20 日前；付款方式是通过开立以新疆长绒棉有限责任公司为受益人、按提单日期第 60 天付款的不可撤销远期信用证支付；该信用证不迟于 7 月 31 日开出；如买方迟至 8 月 1 日未能将信用证电报影印件传给卖方，卖方有权不经通知取消交易并保留向买方索赔合同金额 5%的权利；卖方迟至 8 月 20 日仍未发货，则买方保留向卖方索赔合同金额 5%的权利。7 月 26 日，双方又达成修改协议，将货物价格由每吨 1560 美元修改为 CNF 厦门 1555 美元，付款日期由按提单日起第 60 天付款改为第 45 天付款。

### （二）合同履行

2015 年 7 月 27 日，韩国棉花制成品集团向香港新华银行提出信用证转让申请，申请将其下家买方棉花股份有限责任公司根据与韩国棉花制成品集团的合同约定，由中国工商银行厦门分行开出、以韩国棉花制成品集团为第一受益人、自提单日起第 45 天付款的不可撤销远期信用证，转让给新疆长绒棉有限责任公司。韩国棉花制成品集团将这一转让用传真通知了新疆长绒棉有限责任公司驻广州办事处。同日，该办事处表示拒绝接受转让的不可撤销信用证，要求韩国棉花制成品集团亲自独立开证。

7 月 28 日后，双方多次通过传真往来，新疆长绒棉有限责任公司坚持不接受转让的信用证；而韩国棉花制成品集团则认为转让信用证没有违反合同约定和国际贸易惯例，并于 7 月 31 日通过中国香港新华银行和位于首尔的加拿大丰业银行（Bank of Nova Scotia）办理了向新疆长绒棉有限责任公司的信用证转让手续。

8 月 1 日，新疆长绒棉有限责任公司驻广州办事处又发来传真，仍表示拒绝接受韩国棉花制成品集团转让的信用证，并单方面宣布解除合同。

8 月 20 日，新疆长绒棉有限责任公司未按合同约定履行交货义务，并于 8 月 22 日告知韩国棉花制成品集团，其已于 8 月 21 日通知位于首尔的 Bank of Nova Scotia 拒绝了中国香港新华银行的转证，信用证已经退回。

8 月 25 日，因韩国棉花制成品集团没有向棉花股份有限责任公司履行交货义务，棉花股份有限责任公司向韩国棉花制成品集团提出索赔要求。

9 月 18 日，韩国棉花制成品集团与棉花股份有限责任公司签订了赔偿协议，韩国棉花制成品集团按照约定于 10 月 17 日向棉花股份有限责任公司支付了违约赔偿 200 万元人民币。同时韩国棉花制成品集团用于支付信用证转让手续费、邮政电报费等合计1545元人民币，支付律师代理费20万元人民币。

### （三）提起诉讼

9月20日，韩国棉花制成品集团对新疆长绒棉有限责任公司提起诉讼，称新疆长绒棉有限责任公司的行为违反了双方所签订的采购合同，致使韩国棉花制成品集团损失惨重，所以新疆长绒棉有限公司应支付违约金78000美元，同时支付韩国棉花制成品集团赔偿给下游企业共220.1545万元人民币。

### （四）法院判决

据此，法院判决：被告新疆长绒棉有限责任公司于判决生效之日起10日内，向原告韩国棉花制成品集团赔偿220.1545万元人民币、78000美元。

## 三、案例分析

合同是平等主体的自然人、法人、其他组织之间设立、变更、终止民事权利义务关系的协议。合同管理是当事人依法依规对合同进行订立、履行、变更、解除、转让、终止以及审查、监督、控制等一系列行为的总称。订立、履行、变更、解除、转让、终止是合同管理的内容。其中合同的履行是基于合同订立的情况下最重要的一环，也是合同管理过程中风险最大的一环，且多是可预见的操作型风险。而在本案例中主要涉及的是合同付款方式的履行过程中存在的风险对合同履行的影响。

### （一）双方就付款方式产生的矛盾

本案中，新疆长绒棉有限责任公司和韩国棉花制成品集团在双方签订的采购合同中规定以不可撤销远期信用证支付，不可撤销的保兑信用证可以为买卖双方提供最高的安全程度。在国际贸易活动中，买卖双方可能互不信任，买方担心预付款后，卖方不按合同要求发货；卖方也担心在发货或提交货运单据后买方不付款。而使用信用证付款方式可以让买卖双方风险降至最低。

显然新疆长绒棉有限责任公司和韩国棉花制成品集团对所采取的付款方式没有异议，但是双方在履行合同的过程中却产生了纠纷，主要原因是新疆长绒棉有限责任公司不接受韩国棉花制成品集团将其下游企业开立，并以韩国棉花制成品集团为第一受益人的不可撤销远期信用证的转让，这是双方矛盾产生的焦点。

对于新疆长绒棉有限责任公司来说，接受该转让的信用证，增加了其国际贸易风险，所以选择拒绝，坚决要求卖方韩国棉花制成品集团提供自身开立的信用证，这是其保护其公司利益的做法。但是，由于双方未达成一致协议，且已经到发货时间，卖方新疆长绒棉有限责任公司拒绝发货，从而导致买方的损失，这已经违反了合同法相关规定：合同依法成立即具有法律约束力。当事人应当履行合同约定的义务，任何一方不应擅自变更或者解除合同。

对于韩国棉花制成品集团来说，转让此信用证，节省了其重新开立信用证的时间，同时，因为此信用证与其和新疆长绒棉有限责任公司签订合同所使用的信用证一致，且合同中并未规定不可使用转让信用证，故韩国棉花制成品集团仍坚持提供该转让信用证，至此，双方矛盾加剧。

### （二）付款方式对合同的影响

1. 付款方式——信用证

根据成本、复杂性以及安全程度不同，不同合同采用的付款方式截然不同。目前使用最多的是预付现金、往来账户、信用证和跟单托收四种方式。信用证是银行用以保证买方或进口方有支付能力的凭证，是国际贸易活动中常见的结算方式。一般规定，买方先将货款交存银行，由银行开立信用证，通知异地卖方开户银行转告卖方，卖方按合同和信用证规定的条款发货，银行代买方付款。

本案中所采取的是不可撤销的远期信用证，争议焦点在于是否可以使用可转让的信用证，其实这些都是信用证的一种，只是分类的标准不一样。

首先，不可撤销信用证是按开证行所负的责任为标准划分的，其意思是指信用证一经开出，在有效期内，未经受益人及有关当事人的同意，开证行不能片面修改和撤销，只要受益人提供的单据符合信用证规定，开证行必须履行付款义务。

其次，远期信用证是根据付款时间不同划分的，其意思是指开证行或付款行收到信用证的单据时，在规定期限内履行付款义务的信用证。

最后，根据受益人对信用证的权利可否转让，可分为以下两种。

（1）转让信用证。指信用证的受益人（第一受益人）可以要求授权付款、承担延期付款责任，承兑或议付的银行（统称转让行）或当信用证是自由议付时，可以要求信用证中特别授权的转让银行，将信用证全部或部分转让给一个或数个受益人（第二受益人）使用的信用证。开证行在信用证中要明确注明“可转让”（transferable），且只能转让一次。

（2）不可转让信用证。指受益人不能将信用证的权利转让给他人的信用证。凡信用证中未注明“可转让”，即是不可转让信用证。

2. 对合同履行的影响

付款方式是合同的一个重要组成部分，同时是合同管理的重点，主要在设立和履行两个阶段。

设立阶段，买卖双方基于不同立场都需仔细斟酌采取何种付款方式，需明确此次贸易活动中的成本和风险，从而制订相应策略。双方经过谈判后确保最后的付款方式对自己有利，从而达到双赢的目的。更为重要的是，由于设立阶段是所有后续阶段的基础，所以必须更加重视该阶段。

履行阶段，合同的付款方式与合同履行有着密切关系，选择不同的付款方式对合同履行有不同的影响，若合同中明确规定可以使用可转让的信用证，那么本案例中新疆长绒棉有限责任公司必须接受该信用证，按合同规定履行责任；若明确规定不可使用可转让的信用证，那么新疆长绒棉公司便可根据合同内容拒绝接受该信用证支付，同时拒绝履约。

本案例中，双方达成了一致的付款方式——不可撤销的远期信用证，使用信用证支付在国际贸易活动中是一种令人满意的付款方式，它使买卖双方在一个信任的基础上做生意，给人一种可长期合作的感觉。但同时，这份合同存在一定的缺陷，它没有明确地在合同中规定若该信用证是转让后信用证是否可以接受。正由于没有明确写出，犯了合同设立的常见问题——缺乏明确说明，从而导致矛盾的产生。而在国际贸易中，若合同没有规定，那么看法律是否有相关规定；若法律没有规定，那么看惯例是否有相关规定；若惯例没有规定，那么看文化是否有相关规定。按照国际惯例，若合同中未明确规定不可使用转让信用证，那么默认可以使用可转让信用证。

显然，本案中两家公司在合同的设立阶段没有明确规定不可使用可转让的信用证，且两国的法律和文化也没有明确要求，那么按照国际惯例，默认可以使用可转让信用证。本案中的新疆长绒棉有限责任公司由于不了解相关国际惯例，致使其在履约过程中发生违约情况，造成巨大损失的事件。

### （三）案例总结

国际贸易活动中，影响贸易最重要因素便是支付，包括时间、地点、交付方式、付款方式和国际贸易术语等相关内容。本案例中主要讲述的是在合同履行过程中付款方式对合同的影响，以新疆长绒棉有限责任公司和韩国棉花制成品集团的合作失败警示买卖双方应认识到合同的付款方式对合同的履行有着重大影响，付款方式的明确影响着合同履行的执行。因此，应重视付款方式的选择，以保证自身的合理利益。

与此同时，在国际贸易中，对于买卖双方在签订合同时，不仅要聚焦在合同本身，也需了解国际惯例和当地文化，同时，应尽可能详细地将各种预想的突发情况编制进合同中，避免因缺乏明确说明产生纠纷。

**案例分析与讨论题**

1. 付款方式如何影响合同履行？
2. 影响合同履行的因素有哪些？
3. 我国的合同法对违反合同后应承担的责任是如何规定的？

# 第二节　招标中标与合同成立的关系分析

## 一、案例背景

Y 公司作为我国某产业的领头羊，一直以高品质和准时交货期在国际市场上赢得了顾客信任，树立了良好的企业形象。其产品打入了美国、日本等 20 多个国家和地区，并且和一些国际著名公司形成了良好的合资、合作关系。2001 年随着我国加入 WTO，Y 公司进一步拓展国际市场，加大与国际著名厂商合作力度，为将 Y 公司建设为世界一流企业而努力。

Y 公司的产品以新品、精品、功能性产品为特色，拥有 20 个大类 6000 多个品种，其中 50 个产品被认定为省级高新技术产品，10 个产品被认定为国家级重点新产品，5 个产品被认定为省高新技术产品，3 个产品列入国家火炬计划项目，部分产品列入国家技术创新项目计划。与此同时，Y 公司产品国内市场占有率达 15%以上，成为国内十大著名品牌之一，为其产品输入 20 多个行业，在全国设有 18 个分公司，实行地区负责制，建有完善的接单、投料、交货及售后服务管理体制。

## 二、案例陈述

2016 年 5 月，Y 公司为采购一批价值约 600 万元的设备，委托当地一家招投标代理机构组织招标投标。

### （一）事件经过

Y 公司与该招标代理机构签署了招标委托协议书。其中招标委托协议书的签署和生效是招标代理机构承担招标代理业务和代表业主开展招标活动的基础，也标志着双方委托与被委托法律的正式建立。

通过 Y 公司和该招标代理机构的一系列沟通，商定了本次招标相关事宜，决定采用公开招标方式进行招标。5 月 25 日，发售招标文件。

6 月 1 日在《中国日报》、中国招标投标网等相关媒体和网站上发布招标公告（见表 5－1），并在其中明确标明招标人的名称和地址；招标项目的性质、数量招标项目的地点和时间要求；获取招标文件的办法、时间、地点；对招标文件收取的费用；需要公告的其他事项。

表 5-1 **Y 公司招标公告部分内容**

<table>
<tr><td colspan="6">Y 公司设备采购招标公告（编号 Z03718201624）</td></tr>
<tr><td colspan="6">发布日期：2016 年 6 月 1 日</td></tr>
<tr><td>招标编号</td><td>Z03718201624</td><td>采购业主</td><td>Y 公司</td><td>招标公司</td><td>阳光招标代理机构</td></tr>
<tr><td>联系人</td><td>杨阳</td><td>联系电话</td><td>188××××1296</td><td>投标截止时间</td><td>2016.6.25</td></tr>
<tr><td>邮政编码</td><td>101111</td><td>通信地址</td><td colspan="3">××省××市高新技术产业区 100 号</td></tr>
<tr><td colspan="6">公告摘要：<br>阳光招标代理公司受采购业主 Y 公司委托，于 2016 年 6 月 1 日在中国招标网发布 Y 公司设备采购招标公告（编号 Z03718201624）。<br>各有关单位请于 2016 年 6 月 25 日前与公告中联系人联系，及时参与投标等相关工作，以免错失商业机会。<br>部分信息内容如下。<br>一、项目介绍<br>本次项目主要是采购业主为购进一批设备而开展的公开招标。<br>二、报价须知<br>请报不含税价<br>三、基本信息<br>采购单位：Y 公司<br>采购项目类型：货物（物资）<br>采购项目类别：设备<br>工程项目编号：Z03718201624<br>工程项目名称：Y 公司设备采购招标公告<br>评标原则：最低评标价法<br>是否紧急采购：否<br>四、报价要求<br>结算币种：人民币<br>报价截止前是否允许供应商修改报价：允许<br>是否缴纳保证金：否<br>报价开始时间：2016 年 6 月 5 日上午 8：00<br>报价截止时间：2016 年 6 月 25 日下午 4：30<br>答疑/澄清时间：2016 年 6 月 5 日—2016 年 6 月 25 日</td></tr>
</table>

阳光招标代理机构按 Y 公司提出的商务条件和技术条件在“招标法和省、市有关规定内”编制招标文件，其中对下列事项进行了详细说明：①投标邀请书；②投标人须知；③合同主要条款和特殊要求；④商务要求；⑤技术规格；⑥评标的标准和方法；⑦投标人的资格资质要求；⑧投标、开标、评标和定标的时间、日程和地点安排；⑨招标内容的性质和数量；⑩需要载明的其他事项。招标文件编制完成后经 Y 公司审查无误后报主管部门审批，由阳光招标代理机构负责发售。

### （二）中标≠合同成立

整个招标过程井然有序地进行着，经过一系列流程后，利丰公司通过现场竞标后，经评标委员会评议被确定为中标单位，并由公证机关进行了公证。次日，评标委员会给利丰公司出具了中标通知书。

但Y公司通过考察，不同意确定利丰公司为中标人，拒绝与利丰公司签订书面合同。双方因而成讼。经过审理，最高人民法院驳回利丰公司诉讼请求。

## 三、案例分析

### （一）中标与合同成立

许多人认为，利丰公司中标后，Y公司拒不与之签订书面合同，属于违约。必须确定合同的效力或由Y公司赔偿因缔约过失给利丰公司造成的损失。但法院的判决却驳回了利丰公司的诉讼请求，因为招投标活动应属合同的缔约阶段，评标委员会出具的中标通知书违反了应由招标人核发的规定。

1. 缔约过失责任

缔约过失责任是指在合同订立过程中，合同一方因违背其依据诚实信用原则所应负的义务，致使另一方的利益受损，而应承担的民事责任。

根据《合同法》第四十二条规定，承担缔约过失责任应同时具备三个构成要件：一是缔约人违反了诚实信用原则（也可视为先合同义务）；二是违反诚实信用原则的缔约人主观上有过错；三是对方存在利益的损失。

本案中，一方面，Y公司没有违反先合同义务。先合同义务是指缔约人双方为签订合同而互相磋商，依诚实信用原则产生的注意义务。Y公司不同意确定利丰公司为中标人，并不是一种注意义务，即不属于先合同义务范围。另一方面，Y公司主观上没有过错。过错包括故意和过失。故意是指明知自己的行为会造成危害后果而希望或放任该后果的发生。过失是指对危害后果的发生，应当预见因疏忽大意而没有预见或已经预见但轻信可以避免。由于Y公司没有故意隐瞒订立合同有关的重要事实或提供虚假情况，中标通知书的错误发放也与Y公司无关，法院决定了Y公司对结果不存在预见或没有预见问题。

2. 合同成立的基础

招标是由招标人（采购方或业主）发出招标公告或招标通知，说明需要采购商品或发包工程项目的具体内容，邀请投标人在规定的时间和地点投标，从中择优选出所提供条件最有利于招标人的投标人，并与之签订合同，使交易得以实现的交易活动。无论是招标公告还是招标通知，都属要约邀请的范畴。投标是指投标人接到招标通知后，根据招标通知的要求填写招标文件（也称标书），并将其送交给招标人的行为，即要约。根据合同原理，要想合同成立，必须在要约的基础上做出承诺。

承诺通知到达要约人时生效，承诺生效时合同成立。这里的承诺是招标人选定中标人。也就是说，承诺前的一切活动都仅仅是为签订合同而经历的必要过程。即本案中，利丰公司参与Y公司的招投标活动，也仅是双方签订合同的过程。

3. 中标与合同成立的关系分析

招标人给中标人核发中标通知书，表明其已经就投标人的要约做出了承诺，合同也就成立。对中标人的确定，《中华人民共和国招标投标法》（以下简称《招标投标法》）规定了两种确定中标人的方式：一是招标人授权评标委员会直接确定中标人；二是招标人在评标委员会推荐的中标候选人中确定中标人。

本案中，Y公司没有在评标委员会推荐的中标候选人中确定中标人，也没有授权评标委员会直接确定中标人，表明评标委员会确定中标人并发出中标通知书超出了Y公司的授权，不能视为是Y公司核发了中标通知书。因此，评标委员会确定利丰公司为中标人违反了《招标投标法》，该中标通知书不应视为Y公司的承诺通知。

Y公司没有在评标委员会推荐的中标候选人中确定中标人，也没有授权评标委员会直接确定中标人，表明评标委员会确定中标人并发出中标通知书超出了Y公司的授权，不能视为是Y公司核发了中标通知书。因此，评标委员会确定利丰公司为中标人违反了《招标投标法》，该中标通知书不应视为Y公司的承诺通知。所以双方的合同并未成立。

《招标投标法》第四十条规定："招标人根据评标委员会提出的书面评标报告和推荐的中标候选人确定中标人。"本案中评标委员会没有依法向招标人提交书面评标报告是错误的。因而，招标人通过考察，不同意评标委员会确定的中标人，并拒绝与其签订合同是有法律依据的。

**（二）总结**

Y公司在此次的招投标过程中向利丰公司发了中标通知书，但是并未与利丰公司签订合同，根据《招标投标法》，Y公司并不需要承担相应的法律责任。但是从案例中可以发现，无论是Y公司还是利丰公司在此次招投标过程中付出很多努力，显然付出与回报并不相等，Y公司没有采购到设备，利丰公司失去了一笔大订单，使两家公司付出的汗水得不到回报。所以在招投标过程中，相关方不仅要关注结果，更要注重过程，实施过程控制，规避风险。

**案例分析与讨论题**

1. Y公司是如何实施招标采购的？
2. 货物类招标流程包括哪些？
3. 招标过程中中标与合同成立的关系是什么？

# 第三节　基于 TCO 的设备招标采购合同

## 一、案例背景

### （一）Kirkton 大学及其采购部门

Kirkton（科克顿）大学位于美国中西部，登记在册的学生人数超过 25000 人，有 65 座建筑物、16 个系和学院，其组织结构如下图所示。因 Kirkton 大学规模大，所以学校行政管理部门员工超过 2000 人，其中 Kirkton 采购部门隶属于行政管理部门，负责接收、管理及供应维持学校正常运转所需要的物资，包括日常办公用品和其他采购目录上的物资。

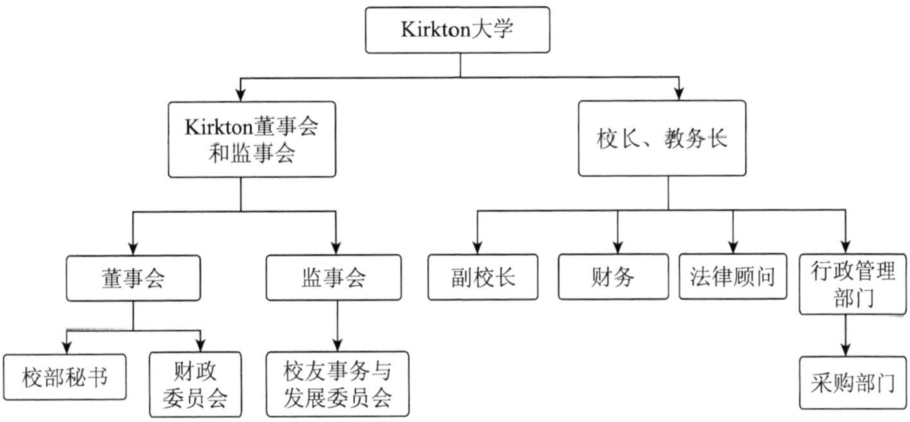


**Kirkton 大学组织结构**

### （二）圈存机设备采购

卡伦（Karen）在 6 年前加入 Kirkton 大学采购部门，自从加入采购部门以来，凭着出色的工作能力，Karen 已经从一个普通员工被提升到了资深采购员的职位，在关于合同的投标和如何确定中标方面累积了大量经验。

Kirkton 大学每隔 4 年会进行一次圈存机设备采购。圈存机是 Kirkton 大学学生进行校园卡充值、空调费充值以及相关服务的机器。

在 Kirkton 大学校园中总共使用着 225 台圈存机。在这 225 台圈存机中，有近 100 台是根据一份四年期的合同从某圈存机公司租借的。该合同包括每一次圈存的服务和圈存机的维修工作。如今合约期满，Kirkton 大学不得不再一次进行圈存机设备采购招标。

## 二、案例陈述

### （一）资格审查

Kirkton 大学采购部门在发布招标公告后，到截止日期，总共收到了 19 份关于圈存机设备采购的投标文件。采购部门以最优利益为标准选择供应商，对投标人进行资格审查，这个过程包括检查每份标书的细节，确保其符合 Kirkton 大学的需要，并确保采购部门能够用有限的资金获得最高的价值。

Karen 通过一系列的审查将范围缩小到 5 家公司：Tauras（公牛）、Excalibur（神剑）、Quickserve（快速服务）、Doolittle&Byers（杜利特尔与拜尔斯）以及 Plumper（丰润）。经过仔细考查，又淘汰了 3 家公司。投标人审查如表 5－2 所示。

表 5－2　　投标人审查

| 公司名称 | 历史记录是否完整，期间无重大事故发生且最近一次业务量在 200 台以上 | 是否拥有计算机化的服务系统，系统是否稳定 | 设备技术是否是目前最高级别 | 是否满足学校要求 |
|---|---|---|---|---|
| Tauras | 否 | — | — | — |
| Excalibur | 是 | 是 | 是 | 是 |
| Quickserve | 是 | 是 | 是 | 是 |
| Doolittle&Byers | 是 | 否 | — | — |
| Plumper | 是 | 是 | 否 | — |

保留下来的两份投标来自 Excalibur 公司和 Quickserve 公司。Excalibur 公司的投标包括重新装备的圈存机，提供与 Quickserve 公司相似的服务，价格比 Quickserve 公司的投标价低大约 20％。Quickserve 公司的投标是现在合同的延续，包括现在所使用的设备，它的投标价格与上次合同价格相同。这两家公司曾经都与 Kirkton 大学有过合作关系，在本次报价中，Excalibur 公司给出了更为有利的报价，但是 Karen 对与 Excalibur 公司以前的合作并不满意，这在一定程度上影响着 Karen 的决策。

### （二）合作历程

1. 与 Excalibur 公司的合作

Excalibur 是一家大型跨国企业集团，同时也是上市企业全球 500 强，包括众多的国际下属企业，业务涉及众多领域，其在圈存机市场中占主导地位。八年前 Kirkton 大学与 Excalibur 公司签订了一份四年期的圈存机设备采购合同，由于当时 Excalibur 公司占据圈存机市场的绝大份额，于是它以一个不便宜的价格即每次圈存大约 3.3 美分的投标价格获得了合同。

但是，Kirkton 大学和 Excalibur 公司这次的合作并不是愉快的，在合同执行期间，Excalibur 公司的表现一般。首先，体现在它提供的圈存机是没有适应性的、简单的圈存机，随着科技的发展 Kirkton 大学对圈存机的要求越来越高，Kirkton 大学希望圈存机是有适应性的，能够满足 Kirkton 大学的需要，包括放大功能等，显然 Excalibur 公司提供的圈存机并不具备放大功能等。其次，由于 Kirkton 大学圈存机的使用者很多，所以对圈存机维修速度要求是很高的，然而 Excalibur 公司不能保证及时维修，这对 Kirkton 大学使用圈存机产生了一定影响。

Excalibur 公司还不断地向 Kirkton 大学介绍该公司其他系列产品。Karen 对他们的做法很反感，这可由两个例子来说明。首先，在 Karen 从事采购工作的六年里，公司更换了 13 次销售代表。由于学校订立合同和开发票程序的特殊性，Karen 不得不重新培训每一名销售代表。其次，学校有一项严格的规定，所有采购要由采购部门来完成。然而，Excalibur 公司的代表在明知违反学校规定的情况下，有时仍然直接与最终的使用者进行联系，以影响其对材料或者采购的需求。

2. 与 Quickserve 公司的合作

Quickserve 公司相较于 Excalibur 公司是一个不折不扣的小公司，它成立较晚，但是在复杂的圈存机市场中勇敢创新，抛去传统的竞争模式，自成立以来一直坚持顾客至上原则，用其特有的贴心的服务占据了部分圈存机市场，并以其良好的信誉和优良的品质赢得了顾客的信任，其在全球科技领导者 100 强榜单中，排名也在不断上升。Karen 通过考查发现其过去三年的订单完成情况都相当出色，并且在招标过程中，Quickserve 公司提供了圈存机每次圈存 1.9 美分的价格，也因这低廉的价格与 Kirkton 大学签订了一份 4 年期合约。在合同履行期间，Quickserve 公司不仅依据合同提供了简单通用的圈存机，还无偿提供了多种规格和适应性很强的机型，其中包括 Kortex100s、4000s 和 5000s，对 Kirkton 大学来说，这无疑是件好事，满足了 Kirkton 大学的多样化需求。

Karen 认为与 Quickserve 公司四年的合作是非常令人满意的。除了性能优良的圈存机，很强的适应性以及较低的成本，Quickserve 公司的服务代表也提供了非常好的服务。实际上，与 Kirkton 大学的合同是由 Quickserve 公司的总经理亲自监督执行的，他不断地给 Karen 提供关于每一台圈存机服务记录的报告。而且，Quickserve 公司允许 Karen 决定何时更换同类型的圈存机（即更换掉经常出故障的圈存机），Excalibur 公司以前坚决要求 Kirkton 大学自行解决该问题，这一举措不仅为 Kirkton 大学节省时间，同时彰显了 Quickserve 公司对和 Kirkton 大学合作的态度：Quickserve 公司重视与 Kirkton 大学的合作。

## 三、案例分析

### （一）Excalibur 公司和 Quickserve 公司对比分析

从表 5－3 中可以看出 Excalibur 公司和 Quickserve 公司在和 Kirkton 大学履行合同中各自的表现，但是根据这些并不能很好地做出决策。从表格中可以发现 Excalibur 公司在合同履行期间的表现不是很好，但是当它失去 Kirkton 大学圈存机合同后进行了反思，从这次 Excalibur 公司的报价可以看出，作为一个圈存机行业的顶尖企业，它给出了比竞争对手低 20％的超低价格，同时吸取上次合作不愉快的经验，主动改进，表现出了强烈的和 Kirkton 大学合作的意愿。

**表 5－3　　Excalibur 公司和 Quickserve 公司对比**

| | 8 年前 | 4 年前 | 今天 | 风险点 |
|---|---|---|---|---|
| Excalibur 公司 | 4 年期合同<br>价格：3.3 美分/份<br>无适应性圈存机<br>不能及时维修<br>不愿更换故障机器 | — | 提供与 Quickserve 公司相似服务且价格低 Quickserve 公司 20％ | 合同执行期间能否提供与 Quickserve 公司一样出色的服务 |
| Quickserve 公司 | — | 4 年期合同<br>价格：1.9 美分/份<br>圈存机适应性强<br>服务好<br>及时维修<br>愿意更换故障机器 | 延续现有合同，包括现使用设备，价格不变 | 合同执行期间是否仍保持良好的服务态度 |

Quickserve 公司在与 Kirkton 大学的合同履行期间表现十分优异，一直都是由 Quickserve 公司的总经理亲自监督执行的，充分体现 Quickserve 公司对合作的重视，但是随着圈存机市场越发激烈以及新技术的提高使得圈存成本的降低，Quickserve 公司的报价也应随之降低，然而 Quickserve 公司仍然保持着原报价的不变。在新的合同履行过程中，Quickserve 公司是否仍然保持着良好的服务态度是无法确定的，也是需要 Karen 去辨别的。

### （二）基于 TCO 的对比分析

总所有成本（Total Cost of Ownership，TCO）是一种公司经常采用的技术评价标准，它的核心思想是在一定时间范围内所拥有的包括置业成本和每年总成本在内的总体成本。在某些情况下，这一总体成本是一个为获得可比较的现行开支而对 3～5 年时间范围内的成本进行平均的值。

TCO 的突出优点是：在某个项目购进的初期，人们对其将来可能要投入的成本尚未清楚的时候，为其提供了一种强有力的成本估算方法。然而，由于这种估算方法只看重成本，所以对于完全仰赖 TCO 而言，将使这样的公司最终采取将开支减到最少的策略，而不再考虑如何最大限度获得回报的策略。

假设 Quickserve 公司圈存机的采购价格为 50000 美元，维修费用为 $M$，两家公司的维修费用相等，都为 0；风险成本为固定值 1000 美元，风险成本系数为 $R$，Excalibur 公司的风险成本系数为 0～1，Quickserve 公司的风险成本系数为 0.5～1，其中 0 是 Excalibur 公司在之前合作中的服务，1 是 Quickserve 公司在之前合作中提供的服务，0.5 是假设 Quickserve 公司服务态度降低的下限值；处置费用均为 0。那么现在我们可以通过计算 TCO 来帮助 Karen 做决策（见表 5－4、表 5－5、表 5－6）。

**表 5－4　　Excalibur 公司总成本明细**　　单位：美元

| 成本要素 | 第一年 | 第二年 | 第三年 | 第四年 |
|---|---|---|---|---|
| 采购价格 | 40000 | — | — | |
| 维修费用 | 0 | 0 | 0 | 0 |
| 风险成本 | 0～1000 | 0～1000 | 0～1000 | 0～1000 |
| 处置费用 | 0 | 0 | 0 | 0 |

**表 5－5　　Quickserve 公司总成本明细**　　单位：美元

| 成本要素 | 第一年 | 第二年 | 第三年 | 第四年 |
|---|---|---|---|---|
| 采购价格 | 50000 | — | — | — |
| 维修费用 | 0 | 0 | 0 | 0 |
| 风险成本 | 0～500 | 0～500 | 0～500 | 0～500 |
| 处置费用 | 0 | 0 | 0 | 0 |

**表 5－6　　Excalibur 公司和 Quickserve 公司总成本对比**　　单位：美元

| | 第一年 | 第二年 | 第三年 | 第四年 | 总成本 |
|---|---|---|---|---|---|
| Excalibur 公司 | 40000～41000 | 0～1000 | 0～1000 | 0～1000 | 40000～44000 |
| Quickserve 公司 | 50000～50500 | 0～500 | 0～500 | 0～500 | 50000～52000 |

这是一个非常简单的两个公司 TCO 的对比，但是可以给 Karen 及读者提供一个新的思路，帮助解决类似问题。

### （三）总结

当考虑这些影响决策的因素时，Karen 感到有些忧虑。显然，Excalibur 公司提供了一个很有吸引力的价格，但是其他方面如何呢？另外，很难仅根据过去的表现就确定公司的 Quickserve 投标合理。所以说采购合同的签订并不是简单就能决定的，要权衡许多因素，这就要求在签订合同之前必须做详细的分析调查，以此来预测未知的风险和机遇，并且采购合同应是十分详细的。

**案例分析与讨论题**

1. 结合材料，解释 TCO 的含义。
2. TCO 适用于何种情况？
3. 列举除 TCO 外的其他成本分析法。

# 第四节　H 中烟公司的采购合同管理

## 一、案例背景

### （一）H 中烟公司简介

H 中烟工业有限责任公司前身系成立于 2003 年 5 月的 H 中烟工业公司，隶属国家烟草专卖局（中国烟草总公司）。2006 年 11 月，H 中烟工业公司与所属 C 卷烟厂、D 卷烟厂合并重组为一个企业法人，2007 年 11 月更名改制为 H 中烟工业有限责任公司（以下简称 H 中烟公司）。公司主要经营范围：烟草制品的生产、销售，烟用物资、烟机进口和卷烟出口业务，与烟草制品生产销售相关的其他生产经营，如资产经营等。

### （二）物资采购合同

合同是平等主体的自然人、法人以及其他组织之间设立、变更、终止民事权利义务关系的协议。依法成立的合同受法律的保护。目前企业参与市场活动的基本方式之一便是与其他企业签订各式合同、达成协议，合同的类型有很多，最常见的便是购销合同。

在 H 中烟公司的烟草这种物资的采购过程中所签订的烟草物资采购合同也是一种购销合同，其中不但会涉及供应商甚至是上一级供应商，而且还会涉及财务部门、法律部门、审计部门和物资部门，并且在这其中的每一个部门都有自己存在的意义，如财务部门需要控制采购预算；法律部门需要对合同进行研读，确保合同不会损害己方利益；审计部门需要做好经济监督、鉴证、评价等工作；物资部门需要确认所需物资的各种资料等。这样，通过各部门的确认及审查，才能够确保该烟草物资采购合同与相关的部门协调一致，帮助实现生产经营的顺利进行。

## 二、案例陈述

合同一体两面，既是销售合同，也是采购合同，对制造型企业的生产运营有着重大影响。对于H中烟公司来说，做好合同管理可以帮助其稳定发展，但是目前H中烟公司的合同管理工作并不是很到位。

### （一）合同管理现状

在组织管理上，H中烟公司实行的是合同授权管理。合同管理机构设于审计部门，在其他部门有相应配合岗位，例如法律部门的法律事务管理岗位。有5个单独的管理规定与物资采购合同相关，分别是《合同管理规定》《合同授权管理规定》《招标投标、竞争性谈判、询价采购管理程序》《审计管理规定》《内部审核控制程序》以及各部门的岗位职责文件等，这些制度文件在对烟草合同管理组织架构等各个方面做基本规定的同时，还共同造就了H中烟公司当前的合同管理流程，包括前期准备、合同谈判、文本拟定、审核审批、签订、归档、履行、结算、考核等部分。

### （二）合同管理不足

从H中烟公司物资采购的管理现状中可发现，H中烟公司的烟草的采购合同管理存在不足。合同管理是当事人依法依规对合同进行订立、履行、变更、解除、转让终止以及审查、监督、控制等一系列行为的总称。H中烟公司在合同管理方面的不足包含两方面：一方面是其组织结构不完善；另一方面是其合同管理制度不健全。

1. 组织结构不完善

一个完善的合同管理应该成立专门机构负责管理审计公司业务状况。目前，H中烟公司实行的是合同分级授权管理机制，这是符合一般集团公司的运营模式，但可发现其现有的合同管理机构为审计部门，审计部门既负责经济监督、鉴证、评价工作，同时也担任日常的合同管理及合同专用章的保管工作。这一模式不利于岗位分离与内部控制，一定程度上会影响其合同管理工作的质量。同时，合同管理审计、考核制度的欠缺，也进一步反映出H中烟公司内部组织结构的不完善。

同时，H中烟公司组织结构不完善，进而导致组织内部出现多头管理、职责不明确等现象的发生。物资采购商品中有些属于专卖，有些不属于专卖，日常的合同管理出现了电子合同与非电子合同的交叉，再加上集团业务庞大，物资采购种类繁多，造成《合同管理规定》中岗位职责界定不明确，合同移交界限不清，使得合同审核、签署环节风险加大。

2. 合同管理制度不健全

完善的合同管理制度应该包括从合同策划、调查等业务的制度文件到合同执行结束后的考核、审计等制度规定，覆盖全业务流程。公司现有与合同管理流程相关的规定文件包括了《合同管理规定》《合同授权管理规定》《招标投标、竞争性谈判、询价采购管理程序》《审计管理规定》和《内部审核控制程序》。

1）合同管理流程不健全

忽视了事前、事后阶段的管理。合同管理规定与招投标管理程序没有适当整合，导致合同管理流程不健全，没有涵盖合同管理前期准备阶段的大部分业务，这可能会造成业务执行过程中的缺位与越位现象；合同后期的考核与审计同样存在这种问题。

2）监督考核制度不完善

《合同管理规定》没有对合同管理后期的考核、审计等事项做出详细、明确的规定，《审计管理规定》和《内部审核控制程序》只是针对全集团的业务笼统介绍，没有对合同管理的审计与考核做出详细规定，造成合同管理内部审计制度不明确，绩效考评制度不完善，这会导致相关工作流于形式，成为风险产生的根源。

## 三、案例分析

合同管理对于一个企业来说是非常重要的，一定程度上影响着企业的生死存亡，只有做好合同管理，企业才能保持自身生产运营的顺利进行，所以对 H 中烟公司来说，做好合同管理是必要的。

### （一）如何提升H中烟公司合同管理水平

1. 完善合同管理流程

通常情况下，合同管理是动态的，每一份合同从前期准备阶段到履行终结合同入档，合同管理自始至终都处于不断变化中。每一份合同向前推进，整个合同管理也向前推进。因此，企业应根据合同管理内部控制的基本要求及日常业务中发现的问题，遵照合同的管理周期，改进和优化物资采购合同的管理工作，将合同前期准备、合同谈判、合同订立、合同履行、合同结算、合同归档分析等步骤纳入统一的合同管理流程，循环往复构成闭环，建立完善严谨的合同管理内部控制手册和合同管理业务流程。在这样的内部控制框架下，合同管理层次清楚，各相关业务部门职责明确，合同管理相关的各部门可全程跟踪物资采购合同的调研、谈判、审核、履行、分析、评价等过程，使合同的签订、履行、考核等均处于有效控制状态，从而提高合同管理的规范性和合同管理效率，最重要的是能够降低合同管理风险。

完整的采购合同管理流程，有利于物资采购合同风险管理工作的展开。因此，目前状况下 H 中烟公司应该进一步完善采购合同管理流程，将现有的招标投标、询价采购、竞争性谈判和合同授权管理等内容统一整合到合同管理规定中，并进一步完善合同管理后期工作，如合同管理考核、合同管理评价等，构建闭环式的合同管理模式。

2. 强化签约前管理与监督

烟草系统虽然是专门性的行业，但毕竟是加工类行业，涉及的物资范围很广，各类物资的供应商也很多，还有较多的专用性物资的生产买卖需要非常严格的权限批准，因此强化签约前管理，重点建立完善的供应商档案并对各供应商运营、资质等状况进行事前管理越来越重要。签约前的合同管理风险源头来自对方单位（供应商），其产生的途径则是由于本公司调研人员的工作质量问题。在合同前期准备阶段，H 中烟公司就可以通过招标询价、调查、核实等方法选择和控制供应商，对供应商进行详细的分级管理，根据各类物资的采购计划，通过招标、询价采购、单一来源采购等方式确定供应商，在供应商满足了合同签订条件的同时，即将其纳入签约、执行、服务、产品考核等方面的管理和考评中，从而使企业对供应商的管理更加严密、科学。对于参与合同前期准备阶段的工作人员的工作质量问题，则要从人员独立性、职业操守、工作能力等方面提升。

3. 完善组织结构

组织结构是表明组织各部分排列顺序、空间位置、聚散状态、联系方式以及各要素之间相互关系的一种模式，是整个管理系统的框架。一个设计完善的组织结构可以帮助企业适应所处的环境变化，实现企业的战略目标，增加企业对外竞争力，同时有助于企业内部的技术开发，人员素质提升和企业经营效率的提高。

组织结构设计的首要目标是迅速实现扁平化，以提高运营效率和实现组织能力的提升，为了实现这样的目标需要有两个手段来保证。

第一，组织结构尽量简单化，在组织层级设计中尽量不超过四级。

第二，明确各岗位职责。职责不明确将会降低 H 中烟公司的合同管理效率。为提升 H 中烟公司合同管理的效率，必须明确各岗位职责，既能保证每一个人的能力得到充分发挥，也不会出现互相推诿的情况。

### （二）总结

合同管理是企业管理工作中一项重要的管理工作。企业的不同部门、不同层次的管理者都要参与到企业合同管理的审核、签订以及管理工作中。企业只有制定了合理规范的合同管理制度，才能更好地使合同管理为企业提供更加规范的保障。因此，合同管理在现代企业的管理工作中极为重要，针对 H 中烟公司在合同管理中出现的问题，在此给出意见，帮助其完善合同管理，树立品牌形象，将公司做大做强。

**案例分析与讨论题**

1. 合同管理对于一个企业的重要性体现在哪些方面？举例说明。
2. 你认为 H 中烟公司还能通过哪些方式加强合同管理？

3. 从 H 中烟公司的案例中，你学到了什么?

# 第五节 未充分掌握供应商信息对合同的影响

## 一、案例背景

### (一) 公司简介

北美热交换器股份公司（NHE）成立于 1920 年，目前已经成为该领域顶尖的制造商。精良的制造工艺使 NHE 的热交换系统在很多行业中得到了广泛的运用，包括制浆和造纸、发电、变电和输电以及其他与加工有关的行业，有的交换系统使用了 20 多年。凭借着出色的产品和服务，NHE 赢得了顾客的口碑。

NHE 的发展过程中经历了多种所有权形式，在行业内始终保持着领先的地位。1991 年，NHE 归入 Zest 工业品公司，从而成为集团公司中的一员。Zest 是美国一家拥有超过 12000 名员工的大型私有公司。

NHE 的设施主要分成两个主要部分：制造部分和办公部分。制造部分包括制造、机器车间、装配、检测和研究开发部门，总占地面积大约 8700 平方米，有 80 名雇员。办公部分由销售、采购、工程、预测、会计和管理部门构成，总占地面积大约 830 平方米，有 60 名雇员。

NHE 的国际知名度得益于遍及北美以及开设于澳大利亚、中国、巴基斯坦、瑞典和英国的销售处。近年来 NHE 一些较大的国际项目包括印度的核电设备、欧洲的输电系统、加利福尼亚的大型水泵系统。

### (二) 采购意义

Jane（简）是 NHE 的一位具有 10 年丰富经验的老手。她同 Collins（柯林斯）一起在采购部门工作，分别对不同零件的采购负责。同时，他们还同工程部门和预测部门的主管密切合作。Jane 认为交流是各部门之间成功协调的关键所在，可以保证 NHE 所设计的系统具备最好质量和合理价格。

Jane 同时也强调了其工作的重要性以及其工作对于利润的影响。Jane 认为采购所节约的钱是净利润，所以采购对于盈利是非常重要的，只有节约每一分钱才能保证实现预测的计划，其中的关键所在便是掌握其上游供应商的全部信息。

掌握上游供应商的全部信息可以帮助企业有针对性地与供应商进行谈判，掌握主动权，用更低的价格达成合作，签订对己方有利的合同，从而达到降低采购成本的作用；同时还可以帮助企业对未来发展中可预见的风险进行有效规避，避免因信息不完全造成巨大损失。

## 二、案例陈述

NHE 的采购负责人 Jane 正面临着一项重要的采购决策。公司刚刚同一家以前没有业务往来的大客户签订了一份重要订单，几天后生产将开始。遗憾的是，由于 NHE 的一家供应商大幅提价，威胁到这个项目的初始定价。

### (一) 预算过程

采购决策的复杂程度取决于订购的设备是标准的系统还是定制的系统。一套标准系统通常只需要一台电动机及一种简单设计，并且能够根据 NHE 的产品目录进行订货。这种系统的价格相应低些（普通的标准系统大约 5400 美元），因此可以提供现货。

对于定制的系统来说，要进行一个复杂的预测过程。定制的系统比标准的系统要大得多，价格要贵 20 倍左右。定制的系统需要几台电动机，并且常常是利用特殊的材料设计和制造的。在确定订单的时候，NHE 的做法是把自己的预算文件寄给客户以求得其认可。

对预算的需要一般是通过销售部门传到预算部门的。预算部门与工程部门紧密合作以使系统设计达到客户的要求。设计完成后，预算部门同采购部门合作来提出正式的预算，然后交给销售部门，由其发送给客户认可。

NHE 预算的有效期一般只有 30 天，30 天后失效，必须重新进行。这个限制是行业的标准，许多供应商都提出了相似的条件。Jane 认为 NHE 的周转速度是很快的，通常是客户降低了交易的速度。

“我们彼此紧密合作以确保进展迅速，从而保持业务的发展。然而，不应忘记我们的客户同样也有其自己的销售、预测、工程和采购部门，订单通过整个系统需要花费时间，因此，客户反馈信息需要一段时间。”

### (二) 询价过程

2009 年 3 月 1 日，NHE 的销售主管、总工程师和总经理从东京带回了一份由日本一家大型发电厂发出的热交换系统的预算请求。预期订单是可以获利的，并且这项交易十分重要。刚从 Zest 派来的总经理对这项潜在的新业务感到十分兴奋。他不断地向 NHE 所有重要职员强调其重要性，包括 Jane 在内。

在接下来的一个星期内，销售人员、工程部门和预测部门的人员认真地进行了预算，并把最终对零件的要求提交给 Jane。Jane 毫不费力地从长期供应商那里获取了对所需材料的估价，并把这些信息返回给预算部门。所计划的热交换系统需要很多定制的电动机、金属管以及非常昂贵的钛金属，这些加起来相当于总成本的 50%。再把适当的利润加到最终的预测成本中，合同在当周发往东京，预计定价为 1200 万美元。

### （三）供应商信息变动

4 月 17 日下午 3 时 13 分，Jane 刚聚会回来就被总经理带到庆祝会。因为公司前一天收到了日本方面对 NHE 的预算的认可。整个公司的员工都为这份订单和潜在的新业务感到兴奋，这家客户给公司的未来带来了希望，前途看似一片光明。Jane 在办公室坐下来后读到了一份传真，传真内容如表 5 - 7 所示。

**表 5 - 7　　传真内容**

| FAX SENT：4 月 17 日 |
|---|
| ATTENTION：北美热交换器股份公司采购主管 Jane |
| Jane：<br>我个人想通知你关于最近的公开价格的变化，我方已经在新的价格目录中发布了公告（给你方的一份已发出，很快就会收到）。<br>你会注意到，钛金属板的价格大幅上涨 25%。3 月 3 日我方提供给你方关于这种特殊材料的预计价格，我方认为你方应该了解价格的这种变动。你方过去的订货数量很大，但我方对价格的上涨感到遗憾（这是我方不能控制的），希望它不影响我们之间未来的合作。真诚地希望我们之间长期的合作关系继续下去。<br>Charles Pappas<br>Titania 有限公司销售主管 |

## 三、案例分析

### （一）原因分析

1. 只依靠经验做决定

在案例中可以发现 Jane 作为 NHE 的一位具有十年丰富经验的老手，她的工作出现了严重的失误。首先，她没有及时了解到上游供应商价格的变动，工作失误造成对新客户日本公司的报价过低，使公司遭受严重的损失。此次价格变动其供应商早已在一月前发布了新的价格目录，而 Jane 在做订单预算时，仍按原价格进行。其次，预算工作没有经过全面调查分析，就匆忙进行报价。此次订单是同新客户的重要订单，且数额较大。Jane 只是根据各部门提供的信息进行了估价，过分依赖于经验。

2. 缺乏有效管理机制

NHE 公司的经营管理和采购管理也存在一定问题。①公司在经营管理方面没有建立一套有效的管理机制，缺乏对各个部门职责明确的规定。致使采购部门在做预算时，过于仓促，没有综合协调各部门的意见、资料的收集与分析。②采购部门将自己的预算强加给客户，来求得客户的认可。这样在一定程度上，先报出自己的价格，若报价技巧、报价方法没有掌握好，会给公司带来一定的损失。③没有选择多个供应商只依赖于单个供应商，若该供应商有变动则会对其公司造成重大的损失。④缺少对外界信息的了解与变动，与供应商脱节。对已确定的供应商，没有及时掌握其价格市场变化，进而使 Jane 报价时仍按原价进行，给公司造成了一定的损失。

### （二）补救措施

在发生重大工作失误后，应及时采取行动，减轻 NHE 公司的损失。由于 NHE 公司本身预算工作的失误，造成了对日本公司此次过低的报价。公司的信誉度对顾客来说是至关重要的，所以要想获得客户的信赖，一定要诚信、真诚地与客户沟通交流。在沟通中，尝试跟客户解释，由于没有及时了解到特定产品钛金属的原材料价格的上涨导致报错价，使产品的价格过低。然后再重新报出价格，与原报价做一个对比分析，要让客户清楚新报价格给予了很大的折扣，同时要客户对此次报价失误做出一个书面确认，让客户觉得本公司在尽力弥补过失。

### （三）供应商信息的影响

在谈判中，谈判双方都会尽可能地去收集谈判对手的信息，这是谈判中所说的充分的前期准备，也是中国古语中的“知己知彼，百战不殆”。充分的前期准备可帮助企业提高谈判概率，签订有益合同。对于谈判中的采购方来说，掌握其供应商信息，尤其是价格信息，对合同的影响是很大的。

采购方充分掌握供应商信息，便可在合同签订过程中占据主动地位，避免供应商在合同中设置的陷阱，保障己方合理利益；同时可避免由于未完全掌握供应商信息，从而做出错误的决定，致使己方公司遭受巨大损失。

案例中，作为 NHE 公司采购负责人 Jane，为 NHE 以合适的价格采购合适的产品是其主要责任，采购部门为企业创造价值而不消耗企业资源，然而 Jane 在其采购工作中却犯了一个错误：未对供应商的价格信息进行完全收集。这是一个致命的错误，因为 NHE 已经与其下游厂商签订合同，合同中规定的价格远低于目前上游供应商给 NHE 的价格。若履行合同，NHE 不得不面临巨大的亏损；若不履行合同，NHE 公司将会面临下游厂商的起诉，同时品牌信誉将会受到严重影响，而这一切源于 Jane 未对供应商的价格信息进行完全收集。

通过本案例 Jane 的工作失误，可以更加深刻认识到，充分掌握供应商信息能够帮助企业掌握主动权，提高议价能力，降低采购成本，签订对己方有利的合同；同时还可以帮助企业规避合同履行中的风险。因此，无论是采购方还是供应商，都应该重视其对于供应商信息的掌握。

### （四）总结

本案例重点是未充分掌握供应商信息造成了 NHE 公司签订了错误合同，使其陷入两难境地。主要原因是其采购负责人Jane依靠经验做决定，未对供应商进行充分调查，再加上NHE采购管理上存在的问题，从而造就了现在的局面。借此案例强调供应商信息的重要性。

**案例分析与讨论题**

1. 未充分掌握供应商信息体现在哪些方面?
2. 简述未充分掌握供应商信息对合同的影响。
3. 你认为NHE公司应如何解决由于员工的失误为公司带来的损失?

# 第六节　设备采购合同中的风险管理

## 一、案例背景

### (一) 某农业机械公司简介

中国某农业机械公司是一家发展迅猛的中型农业机械制造公司，主要经营范围是农用动力机械、农田建设机械、土壤耕作机械等，凭借优良的产品，迅速占领南方市场，冲击了老牌农机的市场地位。再加上其地理位置优越，有丰富的燃料和原料，并充分利用该地低廉的劳动力，从而获得了可观的经济效益。

该农业机械公司的迅猛发展离不开国家的扶持。为了促进我国农业发展，农业机械化水平提升，实现我国农业现代化目标，国家制订了一系列长期发展规划，以促进农业和农机行业的发展。2012年中央一号文件首次对农业科技进行了全面部署，强调“把农业科技摆在更加突出位置”，并重点强调要“加快农业机械化”。

### (二) 签订设备采购合同

随着该农业机械公司的不断发展，公司的管理层发现了机械制造生产过程中存在一定的问题，主要是因为设备老化，产品工艺比较陈旧，限制了该公司的发展。因此，该公司决定投入巨资引进设备技术，进一步提高生产效率，开拓更广阔的市场。于是他们通过某国际经济技术合作公司代理与国外某农业机械集团签订了引进设备的合同，总价值110万美元。

## 二、案例陈述

引进先进设备对于该农业机械公司是一件很好的事情，可以帮助其节省能源，获得利益的最大化。然而，此次引进设备合同因为缺乏对风险的准确识别造成诸多问题。

### （一）验收产生纠纷

按照合同规定，外方应将设备运送到中方工厂且负责设备的安装调试。入厂检验时，中方发现，该设备部分零件磨损痕迹严重，经测试开机率不足70%，根本不能投入生产。中方认为，外方产品存在严重质量问题，没有达到合同标准。经过协商，由外方派遣高级技术人员进行更换调试工作。

但是，更换零件后的设备仍然不符合验收标准。此时，由于中方更换设备已基本停产半年，造成经济损失达600万元。

为了尽快投入生产，减少经济损失，中方准备通过谈判，做出一些让步，只要外方保证设备整体符合生产要求即可。这个局面正是外方所希望的，当中方在谈判中提出解决办法后，外方立马答应中方要求。双方迅速签署了设备验收备忘录。

根据备忘录相关条款，外方公司来厂进行第三次调试。此次调试后，仅有一项达到标准，中方认为不能通过验收。但外方公司认为已经达到备忘录中规定的标准，双方就是否验收合格问题产生纠纷。

### （二）索赔无法成功

本案中，根据双方签订的合同，实质是外方产品存在严重质量问题，中方处在法律制高点，可以要求外方赔偿或更换新设备。但双方纠纷发生后，双方的态度却发生颠倒，这是因为中方未正确识别合同中的风险所导致。

在双方签署的备忘录中，为早日解决该问题，中方做出了让步，调整或删除部分验收指标，同时，新增加一些空泛的、无可量化的、无可依据的条款。如磨损程度由手感而定、不得出现损伤等条款。正是由于这类模糊规定，使得外方认为，根据规定，此次调试后的设备已经符合标准，坚称该设备不存在质量问题；中方则认为此次调试只有一项符合标准，该产品仍然存在严重的质量问题。

双方争执不下。中方在此情况下求助法律，要求外方按原合同赔偿损失。法院判决外方按合同要求赔偿中方损失，但是在原合同中，精明的外方在索赔条款中写进了一个索赔公式，由于这个公式相当复杂，签约时中方人员根本没有认真研究就接受了。他们没有想到会有纠纷，也根本没有把这公式当回事。结果现在按照该公式计算，即使这套设备完全不符合要求，视同报废，外方也仅仅赔偿设备引进总价的0.8%，即110万美元的损失只赔偿约1万美元。这使得中方无法接受。

中方依法提出仲裁。但在查看合同有关仲裁的条款时，合同中写道："如果在本合同中，发生一切纠纷，均需执行仲裁，仲裁在被诉一方所在国进行。"这就是说，如果中方提出仲裁，只能在对方所在国进行，中方将要付出巨大的代价。但如果不提出仲裁，将受到巨大的损失。外方不可能提出仲裁。如果中方向外方提出仲裁，中方只能有一种手段，就是拒付货款。在国际贸易中，中国银行出具的不可撤销的保证函已与合同一起生效，银行方面为保证信誉，遵守国际惯例，根本不可能拒付。也就是说，中方违约不存在客观可能性。在这种情况下，仲裁与否，中方真是进退两难。最后，中方在万般无奈的情况下，不得不接受了对方总额为 12%的赔偿，同时提供另外 3%零件的最终方案。那台机器两年来根本就不能运转，没有创造任何经济效益。现在，虽然能勉强运转，仍需要不断调整修理。即便如此，也只有 60%左右的生产效率。

## 三、案例分析

合同，又称协议、契约。在经济贸易中，合同已是企业建立联系的一种普遍而非常重要的形式。合同风险是基于合同产生的对合同当事人的非正常损失，对于企业来说，若能规避风险是非常有益的，因此要求企业在合同中能识别风险，从而进行风险管理，对风险进行有效规避，避免因未正确识别风险造成的损失。本案中，该农业机械公司正是由于没有识别合同中存在的风险，从而造成了验收不合格，生产停产，投诉无门的状况。

### （一）合同中存在的风险

1. 条款不明确

采购谈判的结果是通过双方协商一致的协议或合同来体现的。合同条款实质上反映了各方的权利和义务，合同条款的严密性与准确性是保障谈判获得各种利益的重要前提。所以合同是确定双方权利义务的最根本依据，因此在签订合同之前，必须认真分析每一条款，将可能发生争议的地方进行详细说明。但实践表明，有些代表单位签订合同的人可能本身并不十分了解合同中标的物的性能、用途等相关指标，也未经过技术人员或有关领导的审查，便轻易做出决定，而当合同履行发生争议时，从粗线条的合同条款中却无法找出对自己有利的依据。

本案中，中方由于想尽快解决设备问题，使厂房投入生产，从而遏制损失。因此在与外方谈判的过程中做出了让步。但这个让步并不是有效的，反而不利于中方进行经济索赔，因为中方在让步过程中增加了某些语意模糊、易造成歧义的条款。与此同时，中方在签订合同时没有仔细确定合同的细节，而只是想当然认为不会发生纠纷，对合同条款认识不清楚，最终上当受骗，而且不能挽回，造成了重大经济损失。

2. 审查不彻底

本案中，中方通过某代理机构与外方达成合作关系，签订了该采购合同。其中，中方对外方的所有资格证明文件均是通过该代理机构了解，包括营业执照、供应商的资格证明、供应商的资信证明等信息。但是中方在此未识别审查不彻底的风险，并没有去了解外方近三年的合作情况。据了解，该外方并不是第一次采取这样的方式来欺骗中国企业。外方深深了解中方当争议发生不会立即诉诸法律，而是会继续谈判，同时中方对合同的细节不会花太多时间去推敲这种心理。于是利用这种心理，制造一个个的圈套，使对方陷入圈套，从而达到目的。

本案中，正是基于中方未完全审查该外方公司，不了解其近三年合同履行情况，且不重视合同条款的重要性，最后面临着想仲裁而又不愿意到外国仲裁的矛盾。而当中方多次提出以仲裁的方式解决时，外方会旁敲侧击提醒中方，外方所在国家仲裁历时长、花销大。而中方一次次望而却步时，他们又出新的花招，开始新的进攻。外方趁中方在欲进不能、欲罢不止的情况下，一再提出所谓的新解决方案，最终造成中方严重的损失。

### （二）合同风险的管理

本案中可以看到如果没有及时识别合同中存在的风险，那么在合同履行过程中出现纠纷时会产生巨大的经济损失，在此，给出管理风险的几点建议。

1. 运用法律武器

应熟悉《合同法》的相关制度，正确运用《合同法》规定的三大抗辩权，即先履行抗辩权、同时履行抗辩权和不安抗辩权。要注意留存合同履行情况的证据材料，特别注意履行期较长、分期分批履行的合同，更应注意留下证据。如行使不安抗辩权，首先要掌握对方丧失信誉或履行能力的直接证据。在履行合同过程中变更合同的，务必采取书面形式，在对方延迟履行合同的情况下，利用与对方协商的时机获取抗辩权。

2. 加强合同管理

做到“四有”，即有专人、有制度、有流程、有台账。强化签约前的市场调查，签约中的多方面审查。审查的内容包括：①合同主体、合同内容、合同形式、合同担保及合同签订程序等在法律上的可行性；②合同条款是否完备、语言是否规范严谨；③合同在经济、技术上的可行性；④对方企业近三年合同履行情况及评价等。同时企业对合同履行过程要及时检查监控，避免权利行使不及时而超过诉讼时效。特别注意审查接受履行的行为人的身份资格，收集履行过程中形成的证据，并且应认真处理合同纠纷，加强合同档案管理，以便积累经验，防止类似事件的发生。

3. 做好细节工作

细节决定成败是一句俗语，也是一种警示，提醒谈判人员注重细节，避免因为一些细节问题导致巨大的损失。在合同签订过程中，往往是一个细节决定了全局的命运。所以，谈判人员在确定交易细节的过程中，要有重视细节的精神，不能忽视合同中任何一个细节，不能因为计算困难放弃任何一个疑点。

### （三）总结

设备采购合同往往技术复杂、金额巨大，容易成为供应商做手脚的地方，从而导致在合同履行的过程中出现各种各样的问题，而这些问题大多是在合同订立阶段未识别的风险。因此，在此强调，在订立合同的过程中，相关人员应对合同条款进行逐字逐句解读，对供应商进行详细资格审查，从源头规避可预见的操作型风险。

**案例分析与讨论题**

1. 阅读案例，结合相关知识，列举出设备采购合同中可能存在的风险点。
2. 请列举出管理和控制风险的手段或措施。
3. 风险管理的意义是什么？

# 第六章　采购绩效

## 第一节　基于平衡计分卡分析 Kellogg 公司的采购绩效考核

### 一、案例背景

#### （一）基本信息

Kellogg Company（家乐氏公司或译作凯洛格公司、克洛格公司）创立于 1906 年 2 月 19 日，总部位于美国密歇根州巴特尔克里克，当时，一个来自芝加哥名叫威廉·基思·凯洛格的医生来到克里克小镇，建立了一家疗养院。他积极地倡导一种健康的生活方式，提倡非肉类、高纤维素的饮食，以及适当进行身体锻炼。疗养院被用来帮助人们实现这种生活方式，并逐渐受到人们的欢迎。凯洛格的一名学生 C. W. 波斯特博士，很快也加盟了进来，并在这个小镇上建立了另一家疗养院。如今，家乐氏公司是全球最大的谷类早餐制造商，拥有全职雇员 33577 人，以发明栗米片这一早餐而著名，是全世界知名零食制造及销售商，销售产品主要包括甜饼干、薄脆饼干、烘烤点心、谷类食品、冷冻烘饼、馅饼壳。

#### （二）公司运营

家乐氏公司主要分为 7 个部门：美国早晨食品（U. S. Morning Foods）、美国零食（U. S. Snacks）、美国特产（U. S. Specialty）、北美其他（North America Other）、欧洲（Europe）、拉丁美洲（Latin America）、亚太（Asia Pacific）。

家乐氏公司 Kellogg 的品牌包括 Kellogg's，Keebler，Pop-Tarts，Eggo，Cheez-It，Nutri-Grain，Rice Krispies，Murray，Austin，Morningstar Farms，Famous Amos，Carr's，Plantation，Ready Crust 及 Kashi。公司在全球 180 多个国家从事产品销售。

#### （三）采购部门现状

从凯洛格疗养院到现在，这种谷类食品行业已经有了相当长的历史。如今，这个行业内部竞争非常激烈，并不断加剧。最近，这些谷类食品制造商遇到了巨大挑战，它们被迫面临大幅度降低成本的压力。这也迫使凯洛格对供应链成本和关键客户的绩效表现更为关注，并进行更严密的监控和测评。作为一家食品加工公司，对于原材料的采购是十分重视的，公司拥有专门的采购部门，负责原材料的整个采购环节，而且采购部门在采购原材料时要与生产、销售部门沟通交流，并向公司总部汇报采购情况。

## 二、案例陈述

Gutierrez 在 1999 年成为 Kellogg 的总裁，他先后拟订了三项方案：一是让传统产品更加有吸引力，二是开发速食早餐谷类之外的产品，三是改变公司文化并更有效快速地执行。通过这三项方案，Gutierrez 看到了一些正面的效果。人们开始喜欢吃一些谷类的其他产品，尤其是在白天，而 Kellogg 正好提供了这类产品。但在原材料采购上，公司存在很大的问题，比如，只追求质量而忽视了成本预算和控制、采购流程不严谨、需求不清晰，采购人员职责不清、管理不善等。Kellogg 采购部门对自身定位不准，没有正确理解和响应公司整体战略计划，因此，Gutierrez 认为采购部门应及时分析本部门存在的问题，制定改善措施，履行好本部门的职责。

### （一）采购部门问题分析

1. 财务角度

Kellogg 采购部门为了实施公司核心谷类食品顶尖方案，在采购原材料时，着重原材料的质量，以求达到产品的高品质，但是在采购预算编制方面有很多不明确的地方，在采购预算的执行方面也比较随意，造成了成本的大幅提高。

2. 客户角度

Kellogg 内部采购部门没有和需求部门做好沟通，存在需求信息不对称的问题，影响后续的材料供应以及产品质量，影响公司整体战略的实施。

3. 内部运营角度

采购部门的职能主要包括：及时掌握所需要的采购信息，保持良好的内部沟通；掌握生产所用物料的供货渠道，寻找物料供应来源；建立供应商档案，与供应商联络，以防止紧急状况时找不到替代的供应商；对供应商的供应价格、材料质量、交货期等做出评估，采购所需的物料等。但 Kellogg 采购部门在职能履行方面存在监管不到位、人员职责不清、运营混乱等情况。

4. 学习与成长角度

Kellogg 采购部门中有一些员工不是采购专业出身，或者之前没有从事过与采购相关的工作，没有工作经验，于是在工作开展过程中会延误采购进程。同时，公司内部缺乏专业的培训，让采购人员没有归属感和成长的动力，影响整个部门的氛围。

### （二）平衡计分卡的实施

Kellogg 采购部门首先建立了本部门的远景战略：最大限度地为公司节约成本、创造利润，做公司前进的先锋者。平衡主要体现在四部分的平衡：内部和外部、短期和长期、结果和动机、数量和质量。Kellogg 采购部门以前衡量员工主要用财务指标，看业绩的增长是否达到标准，采用的是盈利和收款的情况等这些硬性的财务指标。Kellogg 采购部门觉得这样看待本部门的经营是远远不足够的，在平衡计分卡里不但重新设计了财务指标，还涵盖了很多客户方面的指标，如采购定时率、内部需求部门满足度、材料合格率等软性的指标。这些数据指标被称为 KPI（关键绩效指标）。运用 KPI 能够起到通过指标控制流程的作用。Kellogg 采购部门明确了给内部需求部门提供材料时，要注重效率、质量、成本等方面，而不仅仅是一个结果。

## 三、案例分析

### （一）基于平衡计分卡分析 Kellogg 采购部门

1. 财务角度

其目标是解决“公司怎样看待我们?”这一类题目。要想分析 Kellogg 采购部门的努力能否对公司的经济收益产生积极的作用，财务方面是其他三个方面的出发点。相关的指标包括采购成本控制率、采购预算执行率等。

2. 客户角度

其目标是解决“内部需求部门怎样看待我们?”这一类题目。通过内部需求部门（生产部门和销售部门）的角度来看 Kellogg 采购部门，可从时刻（采购周期）、质量、成本几个方面关注材料供应程度以及内部需求部门的需求和满足程度。客户指标包括采购定时率、内部需求部门满足度、材料合格率等。

3. 内部运营角度

其目标是解决“我们擅长哪样?”这一类题目。可关注采购部门内部效率，如采购效率、成本、出勤率等。内部过程是采购部门改善采购业务成绩的重点。完善内部运作流程，可以提高采购部门整体工作效率。

4. 学习和成长角度

其目标是解决“我们是在提高吗?”这一类题目。包括工人士气、平均培训时刻等。Kellogg 采购部门在文化冲突、创造新价值等方面进行不断努力，并定期开展采购部门采购主管的交流讨论会，以此来保持技能和观念共享，共同促进部门文化发展，提升采购部门的职能价值。

### （二）使用平衡计分卡意义

（1）Kellogg采购部门使用平衡计分卡作为本部门的战略管理体系，并充分意识到平衡计分卡的重要性。Kellogg采购部门明确了长期战略目标——成为Kellogg的成本节约和利润创造的先锋部门，并维持这一地位。然后，把本部门的战略目标细化为财务、客户内部运营、学习和成长这四个具体的角度。

（2）由于有了这一整套平衡计分卡的绩效考评指标，Kellogg采购部门的管理层得以及时跟踪并修正指标，提高了效率，增加了透明度，管理因此变得更加便捷有效。

（3）Kellogg采购部门把平衡计分卡和浮动薪资联系起来，员工将会更多关注部门与个人的绩效，员工在平时无形的工作中能够逐步朝向正确目标发展，明白自己的努力将会帮助本部门达到怎样的目标。

### （三）总结

本案例描述了Kellogg采购部门在公司寻求新发展过程中，针对本部门出现的问题，如何利用平衡计分卡进行分析。旨在通过对Kellogg采购部门进行分析，使学生了解平衡计分卡的原则及应用，学习如何运用平衡计分卡进行绩效考核。

**案例分析与讨论题**

1. Kellogg采购部门在进行分析时还应该考虑哪些因素？
2. 采购部门实施绩效评估有什么作用？
3. 平衡计分卡的适用条件是什么？

# 第二节　可口可乐采购人员绩效管理

## 一、案例背景

### （一）公司简介

可口可乐公司（The Coca-Cola Company）的配方和名字由合伙人Asa Candler（阿莎·坎德勒）于1892年发明，总部设于美国乔治亚州亚特兰大市。除可口可乐外，公司业务还囊括了全球前5大饮料（其中3个是健怡可口可乐、雪碧和芬达）以及大量其他种类的饮料，包括汽水、运动饮料、乳类饮品、果汁、茶和咖啡等，同时也是全球著名的果汁饮料经销商，在美国排名第一的可口可乐取得超过40%的市场占有率，雪碧则是成长最快的饮料，其他知名品牌有：伯克（Barq）的Root Beer（沙士），水果国度（Fruitopia）以及大浪（Surge）。

**（二）采购部门组织结构**

可口可乐采购部门组织结构是采购部门内部按照职能进行设计的，以求有效、合理地把组织成员协调起来，为实现组织目标而共同努力，可口可乐采购部门组织结构如下图所示。

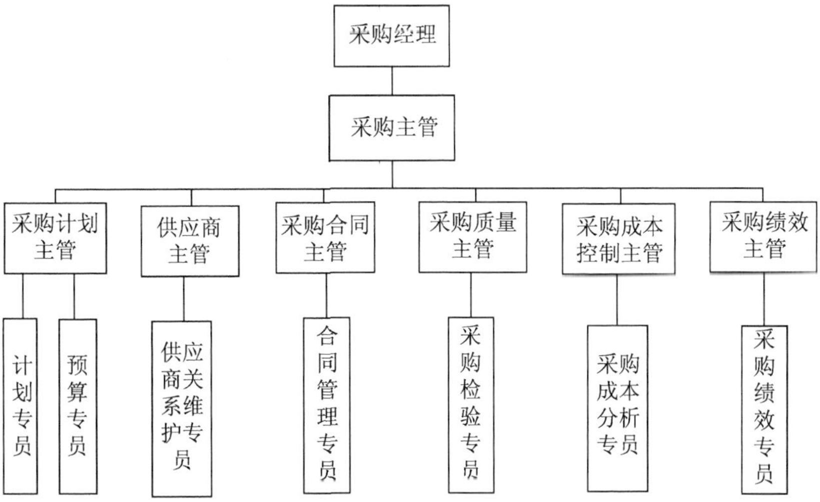


**可口可乐采购部门组织结构**

## 二、案例陈述

采购环节是企业运营过程中至关重要的一环，合理采购可以提高资金周转速度，降低成本。在采购环节，人才是不可缺少的因素，面对日益激烈的竞争环境，企业想在竞争中立于不败之地，关键因素是人，因为人有生命、有思想、有情感、有创造力，是生产中最活跃的因素、最宝贵的资源。可口可乐作为全球著名品牌公司，采购人员同样是十分重要的，但目前可口可乐采购部门存在采购人员经验不足、素质落后、采购部门管理不善等问题。因此，要建立完善的采购人员管理体制，使员工的主观能动性得到充分发挥。作为世界饮料龙头企业，可口可乐公司采购部门从选拔员工，到员工培训、员工考核及员工激励，制定了一套完整的策略制度，构成了一套优秀的员工管理体系。

可口可乐采购人员绩效管理如下。

1. 采购人员招聘

在可口可乐采购部门中，不管是上层的管理人员，还是一名普通的业务人员，都得经过严厉、正规的考核，层层筛选才能上岗。

1）外部招聘

可口可乐采购部门招聘员工的标准是：正直诚实、强烈的成就动机、决策中的良好判断力、战略性思考能力、责任心和团队精神。只要是符合可口可乐采购部门招聘标准的人就有机会被录取，不会受其他条件的限制。

2）内部招聘

在可口可乐采购部门，内部招聘主要有两种方式，即台阶提升和破格提拔，两者是相辅相成的。台阶提升是一种脚踏实地、逐步锻炼的方式，有利于采购人员的健康成长，也能保证各级领导岗位的工作质量。破格提拔是指对于采购人员队伍中非常出类拔萃、做出杰出贡献的人才，可实施越级提拔，放到更高层次加以重用的战略。因此，可口可乐采购部门拥有一批年轻的采购精英。公司敢于打破论资排辈的传统，敢于破格提拔，把这些采购精英放在重要岗位，使他们能较快地承担更重大责任。

2. 采购人员培训

在可口可乐采购部门，员工培训可分为高、中、低三级。高层采购人员的培训主要以总部培训发展组提供的培训项目为主，如每年挑选一些高级采购经理去清华大学接受外国教授一个月的培训。中层采购人员的培训主要侧重于让他们掌握新的采购管理知识、新的采购技能，优秀者去厦门大学培训一个月。低层采购人员即一般采购人员则侧重于本职岗位的专业技能培训，在培训中主要抓住潜力好、能力强的采购人员进行重点培训。这些培训主要是为采购人员提供更多新领域的知识和技能，以适应升职后工作岗位的需要。可口可乐公司对员工的培训是经常性、全员性和广泛性的，其目的是让每一个员工都感觉到可口可乐是一个大家庭，这除了有利于员工个人的成长之外，还促成了可口可乐公司的成功。

3. 采购人员考核

采购人员考核是采购人员绩效管理的一项重要内容。要明确采购人员的胜任素质，对采购人员进行有针对性的考核。首先要明确采购人员的职责和工作内容，并对其工作进行安排和要求。其次要实行计划管理，要求其工作按计划完成，对计划完成情况考核，分析原因并制定改进措施。最后要明确采购管理的重点：能否快速找到供货来源、供应商开发的数量与质量、采购及时性、采购价格（采购成本控制）、采购质量等。针对以上三个方面确定计划、管理目标，对采购人员考核、评价。例如，每种商品供应商不低于3家，年采购成本同比降低3%，月度采购计划完成率等。

通过建立和完善采购的考核制度，采购部门已经非常成功地解决了采购人员考核的相关问题。采购人员考核提高了采购人员工作时的积极性。

4. 采购人员激励

1）物质激励

在可口可乐采购部门，物质激励主要有薪酬、股权激励以及分红等。到年底时，采购部门根据每个采购人员的实际绩效和设定的目标要求进行对比，设置一个奖金参数。如果刚好达到了目标要求，那么将得到100%的目标奖金，即得到的奖金参数为100%；如果超过了目标要求，给他们计奖的奖金参数将大于100%；反之，奖金参数将小于100%。

2）非物质激励

所谓的非物质激励包括精神激励、工作激励和荣誉激励等。常言道：十句好话能成事，一句坏话事不成。一定程度的表扬会让员工精神愉悦，赢得他们的信任和好感，能起到激励人的作用。如果员工在本职工作中做出重大成就，公司会对其进行表扬和鼓励，在可口可乐系统内公开表彰，并宣传他们的业绩，使他们受到同事的尊重和爱戴；同时还要给他们授予不同层次的荣誉称号，如“销售领袖”和“金钥匙标兵”等，从而激励他们为公司做出更大的贡献。

## 三、案例分析

### （一）成功借鉴

正所谓“没有规矩不能成方圆”，任何一个采购部门对采购人员绩效管理都要有一个制度标准，这样能提高采购效率，降低采购成本。可口可乐的采购人员绩效管理制度就是一套适合其自身发展的完善的体制，可口可乐采购部门的高效运营与这套完善的采购人员绩效管理体制是密切相关的，我们应该学会它的这种既合理又科学的管理方法。在采购人员招聘时，可口可乐采购部门采取内、外招聘制度相结合的招聘方式来发现、挖掘人才，对不同层次的采购人员采取不同层次的培训，使他们拥有本职工作的基本能力。除此之外，随着科学技术的迅速发展，可口可乐采购部门善于分析采购人员的胜任素质，对采购人员针对性地进行考核，建立了一套科学合理的采购人员考核制度。并且，可口可乐采购部门还结合实际情况，对采购人员实行一系列的激励制度，不管是在物质上，还是在精神上，都会尽力地满足员工。通过这一系列的合理科学的采购人员管理制度，使得可口可乐采购部门拥有更多的采购精英，更高效地完成采购业务。

### （二）总结

21世纪的企业竞争，归根到底是人才的竞争。成功的企业经营者在实践中认识到这样一个道理：只有将企业的员工紧密团结在一起，激发出他们的工作热情和内在潜力，使他们把自己的智慧、能力和需求与企业的发展目标结合起来去努力、去创造、去革新，才能使企业健康发展。正因为如此，可口可乐采购部门极为重视采购人员的绩效管理。从采购人员招聘、采购人员培训、采购人员考核到采购人员激励，构成了一整套适应可口可乐的采购人员管理制度。

**案例分析与讨论题**

1. 结合案例分析采购人员绩效管理不科学会对可口可乐公司带来哪些后果?
2. 你认为采购人员绩效管理的指标有哪些?
3. 可口可乐采购部门进行采购人员绩效管理时哪些指标可以量化?请说明理由。

# 第三节 山东省某烟草专卖局采购绩效考核

## 一、案例背景

山东省某烟草专卖局主要负责专卖执法、卷烟经营等工作，公司现有资产总量2.9亿元，占地面积8万平方米，建筑面积3.6万平方米，现有职工近2000人。近年来，公司发展迅速，营业额逐年上升，逐渐由增长型企业转变为成长型企业。企业的快速发展给企业的管理水平带来了新的要求，而绩效管理作为构建企业核心竞争力、促进企业由增长型向成长型转变的有力管理工具，也得到公司决策层的高度重视。在实际管理过程中，该公司对绩效管理体系的搭建进行了积极探索，经过数十年的努力，该公司的绩效管理体系取得了一定的成效，已经建立了相对完善的基层业务单位绩效管理体系。但是，对公司下属十几个职能部门尤其是采购部门的绩效考核仍存在一定问题，部门的考核成绩基本无差异，“大锅饭”现象严重，也有部分员工抱怨考核不公平。究竟现行的绩效管理体系有哪些问题，又该如何对采购部职能人员进行公平、公正的考核成了该公司管理者和人力资源管理部门的难题。

## 二、案例陈述

### (一)绩效考核的现状

公司领导层对绩效管理体系的搭建非常重视，且为保障绩效考核的公平性，该公司成立了考核小组，考核小组成员主要由各部门员工兼职。以采购部门为例，采购部虽然不是企业的核心部门，但是却发挥着极其重要的作用，该公司现行的采购部绩效考核指标体系是由部门基于自身工作职责进行梳理建立的，其考核标准不明确，更多的是定性描述，其中，对于采购部门职能人员的绩效考核主要以考核人员打分为主。

近年来，在领导的大力支持下，该公司的绩效考核如火如荼地开展，公司领导发现虽然采购部的职能人员的工作量、工作质量有明显差异，然而职能人员的绩效考核得分却相差无几。这也是由国有企业体制自身存在的缺陷导致的，考核者与被考核者常年在一起工作，碍于面子或人际关系，并不会轻易给被考核者扣分。面对每次提交上来的几乎没有任何差异的绩效考核成绩单，公司领导左右为难，于是明确要求严格执行绩效考核标准，职能人员的考核成绩必须有所差异，结果“上有政策，下有对策”，采购部的考核出现“轮流坐庄”的现象，即考核小组与被考核部门商定每个考核期内各部门考核得分的排名情况，各部门轮流得分最高或最低。几个月下来，领导又发现了绩效考核得分的“马脚”。在领导的再三严格要求下，考核小组不得不严格按照绩效考核指标对采购部门职能人员进行打分，其结果反而不尽如人意，工作任务繁重、经常加班的员工，往往是扣分最多的员工，而工作清闲的员工，反而得分最高，真可谓“洗的碗越多、打的碗越多”，这引起员工的强烈不满。

### （二）存在问题

绩效管理几乎被奉为当代企业管理的“圣杯”，其作用在于调动员工的工作积极性，提高组织绩效，促进企业战略发展目标的实现。然而，采购部等职能部门的绩效考核一直是绩效管理体系搭建过程中的难题。由于工作烦琐、无定形，采购绩效考核的形式化较为严重。通过对各层级管理者及员工的深入访谈，发现该公司采购部的绩效考核问题主要集中在以下几个方面。

1. 绩效考核指标的制定不合理

绩效考核指标的制定不合理，无法有效体现员工核心工作职责。该公司现行考核指标是由部门自行制定，再由考核部门审核确认的。在绩效考核指标的制定过程中，虽然一再强调要根据工作职责和流程制定关键指标，但是部门自行制定的考核指标大部分仍是“不容易被扣分”的指标，严重偏离员工职责的重点，其选取的考核指标无法有效体现该员工的核心工作职责，更无法促进工作绩效的提升。

2. 考核标准模糊

考核指标难以量化，考核标准模糊，无法给绩效考核提供依据。考核指标量化是保证绩效考核公平、公正的手段之一，但是由于采购部的工作大多是事务性工作，无法明确其工作频次、工作用时，考核指标的量化更是无从下手。各部门在制定考核标准时，为了避免被扣分，所制定的考核标准都是“不容易出错”的标准，且多为定性描述，导致绩效考核的执行缺乏有力依据。此外，由于考核小组成员由部门员工兼职，经常会出现“外行人考核内行人”的现象，再加上人情因素，考核中推诿扯皮的现象也较为严重，绩效考核的公平、公正难以得到保障。

3. 考核体系不完善

考核体系不完善，无法体现员工之间工作量的差异。由于不同员工工作职能的定位有所不同，再加上一些部门工作分工的历史原因，该公司采购部门职能人员的工作量存在明显差异。但是，现行绩效考核采取扣分制，即达不到工作要求或是在工作中出现差错就扣除相应的分值。这就造成工作越繁重的员工工作失误越多，扣的分值也越多；而工作清闲的员工，则轻轻松松拿高分。

4. 绩效考核数据难以记录和稽查

绩效考核数据难以记录和稽查，无法有力支撑绩效考核的公平、公正。在实际考核过程中，考核人员需根据绩效数据对各部门进行考核，但是由于采购部的工作往往未以数据形式进行记录、确认，导致考核实施过程中缺乏依据，只能以各部门自行提供的数据为主，难以避免数据造假、作弊的问题。另外，也给绩效考核的实施提供了讲人情、推诿扯皮的可能。

## 三、案例分析

### （一）解决方案

结合国有企业性质和采购部门的工作特点，针对该公司采购部的考核难题，提出以下解决方案。

1. 设计量化考核指标

首先根据实际情况确定采购部各职能人员的核心工作职责，进而基于各职能人员的核心工作职责从工作量、工作质量、工作效率三个维度设置绩效考核指标，并对考核指标进行量化。

（1）工作量维度。采购部的工作虽然繁杂、无定形，但是很大一部分工作是可以进行量化的。有些工作不是单纯一个步骤就可以完成，可对其进行流程化分析，从每个流程步骤对整个工作进行考核。

（2）工作质量维度。工作质量维度的指标设计需要考虑两个方面。一是考虑该项工作质量在不合格的情况下，应该如何修改。二是考虑是否直接用工作结果的质量来衡量该项工作的完成质量。有的工作也注重信息准确无误。

（3）工作效率维度。将考核中常用的“及时性”这一空泛的指标转化为延迟次数。对某项工作约定一个合理的期限，在该期限内未完成，即认为工作效率不达标。

需要说明的是，大部分工作项均能够从这三个维度进行考核，但是针对某一项具体的工作职责，可能会有一个或两个需要重点考核的维度。针对某一具体工作项设置考核指标时，需根据实际情况选择最有考核价值的考核维度，避免发生考核重点偏移的现象。

2. 明确考核标准

对所确定的各项考核指标，设定明确、可依据的考核标准，约定具体的数量、完成时间要求及扣分标准，给绩效考核提供依据。设定可依据的考核标准，自然也就避免了考核过程中过多主观因素的影响，也能杜绝一些“钻空子、讲人情”的现象。

3. 量化记录体系

真实的绩效数据是绩效考核有效实施的前提保障。设计工作日志和部门领导评价表格，以实现对每人每日的工作进行量化痕迹化管理，为绩效考核提供较为客观的支持，在一定程度上减少主观因素对考核实施的影响。工作日志中详细记录员工每日的工作任务、工作成果、实际花费时间、跨部门等待时间、对工作提出的改进建议等内容。同时，部门领导对部门员工的日常工作进行评价，对该日总体工作提出表扬或对存在的问题提出改进意见，从而完成评价表格。

### （二）总结

绩效考核作为企业人力资源开发与管理现代化、合理化的有力手段，不仅对企业各项工作起着检查和控制的作用，而且对员工起着揭示当前工作状态和挖掘未来工作潜能的作用。通过对各具体工作项的完成质量进行合理评估，并将绩效考核结果对接加薪、升迁、培训等工作，可有效引导员工工作行为，促使员工发挥主观能动性，积极推进工作，进而不断提升组织绩效。

采购部门职能人员的绩效考核是人力资源管理的一大难题，在该案例中，华恒智信顾问专家团队提出“量化考核指标”的解决思路，从工作量、工作质量、工作效率三个维度对采购部绩效考核指标进行量化，并确定明确、可依据、可操作的考核标准，有效化解了采购部的职能人员绩效考核的难题。同时，针对采购部的职能人员工作繁杂、无序的特点，华恒智信顾问专家团队提出建立工作量化记录系统，以有效保证绩效考核数据的真实性，公平、公正地实施采购部的职能人员的绩效考核。

**案例分析与讨论题**

1. 面对杂乱无章的事务性工作，如何设计量化指标？

2. 绩效考核的重要性有哪些？

3. 山东省某烟草专卖局在对采购部的绩效考核中，遇到了哪些难题？面对该企业的特殊性，采购部绩效考核的难题如何有效化解？

# 第七章　项目采购

## 第一节　H 公司服务采购资格条件

### 一、案例背景

#### （一）现状简介

C 市财政局是负责本市财政收支、财税政策、财政监督、行政事业单位国有资产管理工作的市政府组成部门。

随着信息技术的迅猛发展和财政改革的不断推进，C 市财政局围绕财政改革与管理，结合自身工作，在局党组的正确领导下，按照财政部、市经信委的统一要求，遵循着“打基础、做规划、理流程、编系统、勤优化、定标准、重运维”的发展规律，有条不紊地推进信息化建设。经过多年实践，C 市财政局不断提升信息技术对财政业务及改革的支撑力度，在信息系统网络建设、硬件建设、应用系统建设及信息安全建设方面取得了长足进步。

#### （二）服务采购

为进一步推动信息化建设，C 市财政局拟进行“信息网络及服务器”采购项目。“信息网络及服务器”采购属于服务采购范畴，服务采购是指组织对除货物和工程以外的其他企业需求对象进行获取的过程。与货物、工程采购相比，服务采购的标的为服务或相关服务，具有无形性、无法存储性、易变性、不可分割性、不能再销售、服务采购复杂等属性。同时由于该项目金额高达 300 万元，根据《中华人民共和国政府采购法》（以下简称《政府采购法》）相关规定，需采用公开招标的方式进行“信息网络及服务器”项目采购。

公开招标是指招标人在公开媒介上以招标公告的方式邀请不特定的法人或其他组织参与投标，并在符合条件的投标人中择优选择中标人的一种招标方式，招标人可自行招标或委托招标代理机构进行招标。C 市财政局经过一系列考虑之后，决定委托招标代理机构进行招标。

## 二、案例陈述

C 市财政局将此项目备案后，开始进行采购。

### (一) 发布公告

2015 年 5 月 3 日，C 市财政局委托 W 招标公司，签订了招标委托协议书，就该单位“信息网络及服务器”采购项目进行公开招标。

5 月 5 日，W 招标公司在中国政府采购网发布招标公告并发售招标文件。

招标公告中规定投标人资格条件如下。

(1) 须为中华人民共和国境内依法注册的企业法人或其他组织。

(2) 须具有生产投标产品所需的生产场地和生产设备，以及产品、元器件、组件材料和配套件的检测能力。

(3) 设计制造过与投标产品相同结构、相同型式、同等或以上技术规格的产品。在与规范相同或较规范更严格的条件下，该产品的投运数量及其成功运行时间或者合同数量满足要求。如同一包内存在不同类别的设备，则投标人须分别满足包内各类别设备的资格要求。

(4) 取得招标人要求的有效认证证书及年检记录。

(5) 应有良好的财务状况和商业信用。

(6) 不接受联合体及代理商投标，单位负责人为同一人或者存在控股、管理关系的不同单位，不得同时参加投标。

(7) 计算机信息系统集成一级（含）以上集成资质。

### (二) 质疑回复

5 月 8 日，投标人 H 公司向 W 招标公司提出质疑，H 公司位于上海漕河泾高新技术开发区，是在高新技术应用领域中专业从事应用系统开发、信息安全服务的高新技术企业。H 公司长期专注于物业管理、房地产、市政运营管理等相关行业信息化领域，凭借多年在应用系统开发以及信息安全服务方面积累的经验，已经成为该领域内著名的应用系统解决方案提供商。

H 公司质疑称：本项目的招标文件将“计算机信息系统集成一级（含）以上集成资质”作为资格条件，属于以不合理条件对供应商实行差别待遇或者歧视待遇，要求删除该资格条款。

5 月 9 日，W 招标公司答复质疑称：W 招标公司在综合考量了项目采购内容、所需专业技术复杂性等特殊情况后，才将“计算机信息系统集成一级（含）以上集成资质”作为投标人的特定资格条件，符合《政府采购法》第二十二条中“采购人可以根据采购项目的特殊要求，规定供应商的特定条件”的规定，不属于以不合理条件对供应商实行差别待遇或者歧视待遇。

### （三）提起投诉

5月10日，H公司对W招标公司的质疑答复不满，向管理部门提起投诉。

### （四）投诉成立

管理部门核查了本项目的招标公告、招标文件等材料。经审查，招标公告及招标文件中设置了“计算机信息系统集成一级（含）以上集成资质”的资格条件。W招标公司在发售招标文件之前，将编制完成的招标文件交C市财政局确认，在得到C市财政局确认同意后发售招标文件。综上，管理部门做出处理决定如下：本案中，H公司认为C市财政局和W招标公司将“计算机信息系统集成资质”作为投标人资格条件，属于以不合理条件对供应商实行差别待遇或者歧视待遇，投诉事项成立。

### （五）处理结果

管理部门认定此次采购违法，责令C市财政局废标，修改招标文件后重新开展采购活动，并分别对C市财政局和W招标公司的违法行为做出警告的行政处罚。

## 三、案例分析

对于管理部门认定H公司对C市财政局和W招标公司的投诉成立，做出处理结果的行为，部分群众表示无法理解，其实这是有法可依的，是管理部门根据中国相关法律法规做出的科学处理。

### （一）投诉成立依据

本案争议的焦点是，“计算机信息系统集成资质”能否作为投标人的资格条件。相关部门在认定H公司的投诉是否成立时，其主要依据如下。

1. 国务院对资格条件的规定

根据管理部门核查和相关法律法规，明确该材料均是经C市财政局同意后发布，同时国务院在2014年1月28日《国务院关于取消和下放一批行政审批项目的决定》中已经明确将“计算机信息系统集成企业资质认定”项目取消。同时，由中国电子信息行业联合会颁发的“信息系统集成一级资质”要求申请企业“注册资本和实收资本均不少于5000万元或所有者权益合计不少于5000万元”“近三年的系统集成收入总额不少于5亿元或不少于4亿元且近三年完成的系统集成项目总额中软件和信息技术服务费总额所占比例不低于80%”。

2. 《政府采购法》资格条件相关规定

根据《政府采购法》相关规定，采购人、代理机构可以根据采购项目的特殊要求，规定供应商的特定条件，但不得以不合理的条件对供应商实行差别待遇或者歧视待遇。本案中，虽然W招标公司认为其将信息系统集成资质作为投标人资格条件与项目的特殊要求存在关联性，但是在开展本项目采购活动时，信息系统集成资质已经不再是法定资质，不应列入采购文件，且由中国电子信息行业联合会颁发的计算机资质对企业的注册资金、营业收入等规模进行了限制，违反了《政府采购促进中小企业发展暂行办法》（财库〔2011〕181号）第三条的规定。因此，信息系统集成资质不能作为投标人的资格条件。本项目将这一资质作为实质性条款，违反了《政府采购法》第二十二条、第三十六条、《中华人民共和国政府采购法实施条例》（以下简称《政府采购法实施条例》）第二十条的规定，构成对供应商实行差别待遇或者歧视待遇。

### （二）处理结果的依据

根据《政府采购法》第二十二条第二款、第三十六条第一款第二项、《政府采购法实施条例》第二十条、《政府采购供应商投诉处理办法》（财政部令第20号）第十九条第一款第一项和《政府采购促进中小企业发展暂行办法》（财库〔2011〕181号）第三条的规定，决定采购活动违法，责令C市财政局废标，修改招标文件后重新开展采购活动。同时，对C市财政局和W招标公司在招标文件中将“计算机信息系统集成资质”作为资格条件的行为，根据《政府采购法》第七十一条第三项的规定，对C市财政局和W招标公司的违法行为分别做出警告的行政处罚。

### （三）总结

根据上述案例分析，国家明令取消的职业资格许可和认定事项，相关证书的申请条件对企业的注册资本金、资产总额、营业收入、从业人员、利润、纳税额等规模条件做出限制的，不得作为供应商资格条件。

同时，本案中采购文件在编制中的违法行为应由采购人和代理机构共同承担法律责任，因为其编制由采购人和代理机构共同完成。虽然C市财政局委托W招标公司从事政府采购代理活动，但采购文件的编制由C市财政局及W招标公司共同完成，且经C市财政局书面确认，所以C市财政局及W招标公司均应对违法行为承担责任。采购人和代理机构相关工作人员应加强对国家出台的相关政策的学习与解读，避免类似问题的发生，从而提高采购效率与采购质量。

**案例分析与讨论题**

1. “计算机信息系统集成资质”可作为招标文件中哪部分内容？
2. 资格性审查一般包括哪些内容？
3. 区分服务招标与货物招标的不同点。

# 第二节 W高校教室用挂壁式搪瓷书写绿板招标失败

## 一、案例背景

### （一）现状简介

北京市W高校是一所以物流和流通为特色，以经济学科为基础，以管理学科为主干，经、管、理、工、文、法等多学科协调发展的公办普通高等院校。

学校建有国家级特色专业建设点2个，“本科教学工程”地方高校本科专业综合改革试点1个，国家级人才培养模式创新实验区1个，国家级实验教学示范中心1个，国家级大学生校外实践教育基地1个，获批“北京地区高校示范性创业中心”，北京市一流专业1个，北京市特色专业建设点3个，北京市高等学校实验教学示范中心2个，北京市高等学校校外人才培养基地5个，北京市高等学校示范性校内创新实践基地2个，北京市精品课程4门，北京市精品教材8部，北京高等教育精品教材建设立项6部，“十一五”国家级规划教材6部，“十二五”国家级规划教材3部。学校始终坚持以教学工作为中心，不断深化教育教学改革，教育教学质量不断提高。

### （二）采购需求

我国高等教育正处于高速发展阶段，国家不断加大对高校教育经费的投入，高校办学形式逐渐多样化，教学、科研、开发活动逐渐增多，学校的教学仪器、实验设备、图书资料等大宗物资的采购量也在迅速增加。2017年市属W高校为本校教学需要，需要增设新的教学设备——教室用挂壁式搪瓷书写绿板。同时随着政府采购制度不断深入，货物采购项目不断扩展，原各部门自行采购的项目逐步纳入政府采购。教室用挂壁式搪瓷书写绿板就是货物采购中具有代表性的一例，W高校每年更新的教室用挂壁式搪瓷书写绿板数量非常可观。

## 二、案例陈述

W高校2017年教室用挂壁式搪瓷书写绿板项目计划于6月中旬下达，根据项目的性质，市属W高校委托代理机构Z操作。

### （一）项目概况

1. 项目进度安排

该项目要求在暑假完成以保证新学期的使用，代理机构Z和预算单位以项目的轻重缓急排序，先操作了其他项目，再操作教室用挂壁式搪瓷书写绿板、多媒体及实验室。2017年7月24日，代理机构Z收到预算单位提供的教室用挂壁式搪瓷书写绿板的技术要求，距8月25日交货期仅一个月的时间，在这一个月的时间内需要完成招标选择供应商，供应商产品的生产及将1190块教室用挂壁式搪瓷书写绿板送到各个学校的工作。

2. 选择采购方式

本次采购教室用挂壁式搪瓷书写绿板数量较大，达1190块，财政拨款金额达数百万元，根据《北京市政府采购管理办法》第十五条，单项采购金额或者一次批量采购总额在规定限额以上的应当实行招标采购。本次招标金额已超出批量限额，采购时间较紧，因此采用邀请招标采购方式择优选定供应商。

3. 明确采购需求

此次采购教室用挂壁式搪瓷书写绿板为进口材料，其技术要求如下：

（1）板面材料：P3珐琅书写搪瓷板材料，面板带磁性，板面材料厚度大于0.4毫米以上。

（2）表面珐琅层厚度95微米。

（3）背面珐琅层厚度35微米。

（4）钢板总厚度0.4～0.6毫米。

（5）表面平滑度2%～14%。

（6）表面硬度EM－DIN101（测试标准），MIN3。

（7）背钢板：优质镀锌板，厚度不小于0.34毫米。

（8）中间采用10毫米瓦楞板或机制板。

（9）框架：铝合金材料，表面氧化处理采用银白亚光或古铜亚光框架，铝合金壁厚度大于1.5毫米，笔槽铝合金壁厚度大于2毫米。

（10）质量要求：书写流畅、光泽度低、清晰易擦、色面牢固、耐腐蚀、耐酸碱、耐磨、不反光、不刺眼等。使用年限为15年以上。

### （二）招标过程

代理机构Z根据W高校确定的教室用挂壁式搪瓷书写绿板的技术及有关交货期等商务要求编制招标文件，本次邀请招标共邀请五家供应商分别为A、B、C、D、E。

7月27日发标，发标当天售出标书三份，D、E因无此进口原料产品未购买标书。

8月3日为投标截止时间，仅收到A一份标书，B、C退出投标。根据相关规定，招标采购必须有三份以上（含三份）的有效投标方为有效；对少于三份有效投标的应宣布本次招标中止，并按本办法另行组织招标采购。这样本次教室用挂壁式搪瓷书写绿板招标中止。

8月4日，采购中心会同有关部门协商达成统一意见，重新组织招标。

第二次招标又邀请了F、G与A共同投标。F因无法满足8月25日之前交货的招标要求而放弃投标，G在投标时间截止前未给予明确答复。至此有效投标仍为A。根据《北京市政府采购招标投标暂行办法》第十二条第二款规定，连续两次招标采购失败，可采用竞争性谈判采购方式，但由于多家供应商交货期无法满足要求，而本项目又不允许延迟交货，因此仅A公司满足要求参与投标。

### （三）招标结果

多次招标失败后，最终代理机构Z建议高校W采取单一来源采购，高校W将此情况以签报形式上报采管办得到批准。最后A公司以204.442万元中标，节约资金4.19％。

## 三、案例分析

结合案例分析可得，两次的招标失败不得不采用定向采购的主要原因有以下几点。

### （一）供货时间要求紧

本次教室用挂壁式搪瓷书写绿板采购项目数量相对较大，财政投入资金较多。根据《北京市政府采购管理办法》第十五条，单项采购金额或者一次批量采购总额在规定限额以上的应当实行招标采购。代理机构Z自7月24日收到预算单位提供的教室用挂壁式搪瓷书写绿板的技术要求，距8月25日交货期仅一个月的时间。招标至供货期的时间很紧，导致供应商无法满足招标要求而放弃投标，这次A公司是在不知其他投标单位退出投标的情况下报价的，否则由于一家供应商的价格很难控制，集中采购的批量效应将难以实现。

### （二）供应商选择余地小

由于时间紧，教室用挂壁式搪瓷书写绿板又要求为进口原料，我国政府采购关于采购进口产品具有相关规定。根据政府采购进口产品管理办法要求，采购进口产品时，采购人应当出具《政府采购进口产品申请表》、关于鼓励进口产品的国家法律法规政策文件复印件、《政府采购进口产品所属行业主管部门意见》《政府采购进口产品专家论证意见》等。投标应出具制造厂商授权、进口产品海关报请相关资料等。因为从原料的进口到教室用挂壁式搪瓷书写绿板的生产需要时间，供应商的交货期往往无法满足，从而选择供应商的余地就很小。

### （三）招标方式选择失误

此次教室用挂壁式搪瓷书写绿板采购历经了两次邀请招标、一次竞争性谈判和一次单一来源采购，耗费了过多的时间。采用邀请招标、竞争性谈判和单一来源采购虽然单次流程时间少于公开招标，但在供应商的数量选择上则有明显的差异。

邀请招标也称选择性招标，由采购人根据供应商或承包商的资信和业绩，选择一定数目的法人或其他组织（不能少于三家），向其发出招标邀请书，邀请他们参加投标竞争，从中选定中标的供应商。竞争性谈判是指采购人或代理机构通过与多家供应商（不少于三家）进行谈判，最后从中确定中标供应商的一种采购方式。单一来源采购也称直接采购，是指采购人向唯一供应商进行采购的方式。公开招标是政府采购的主要采购方式，是指采购人按照法定程序，通过发布招标公告，邀请所有潜在的不特定的供应商参加投标，采购人通过某种事先确定的标准，从所有投标供应商中择优评选出中标供应商，并与之签订政府采购合同的一种采购方式。

这也使此次招标不得不进行多次采购方式的转变，导致两次邀请招标和一次竞争性谈判的失败。

### （四）总结

通过此案例，高校 W 和代理机构 Z 应当总结经验。首先是要在工作中不断地积累经验。其次应在以后的项目采购中应抓紧每一个环节，尽可能地提早做好采购项目计划的申报、审批及下达，给予招标充裕的时间，让供应商有竞争的机会和条件。在选择招标方式时，根据项目情况，了解市场行情。选择出适合的招标方式，从而择优选定供应商，提升采购质量。

**案例分析与讨论题**

1. 结合案例分析两次招标失败的原因？
2. 你所了解的招标方式有哪几种？其特点是什么？
3. 说明邀请招标具体流程。

# 第三节　建设工程违法分包需承担连带责任

## 一、案例背景

### （一）公司简介

中铁某局是世界 500 强企业——中国中铁股份有限公司的全资子公司。前身为铁道部第一工程局，1950 年 5 月始建于甘肃天水，1970 年由乌鲁木齐迁至西安。目前，具有铁路、公路、市政公用工程施工总承包特级资质，房屋建筑工程施工总承包一级资质，铁路铺轨架梁、桥梁、隧道、公路路面工程专业承包一级资质和城市轨道交通工程专业资质等。

“十三五”期间，机遇与挑战并存，中铁某局继续发扬“诚信创新、永争一流”的企业精神，践行“追求卓越是我们的人生品格”的企业核心价值观，筑牢管理基础，提升管理水平，不断拓展新业务。努力把中铁某局打造成行业领先、国际一流的现代绿色工程总承包企业。

### （二）工程分包

2016 年，中铁某局承包建设浦南高速公路 A 标工程后，将该工程的浦城路段分包给被告顺建公司施工。分包是从事工程总承包的单位将所承包的建设工程的一部分依法发包给具有相应资质的承包单位的行为，该总承包人并不退出承包关系，其与第三人就第三人完成的工作成果向发包人承担连带责任。

一个招标项目可以整体作为一个包（或称一个标，即整体项目），也可把一个整体招标项目，分拆多个包（或称多个标），既可单个招标，也可同时招标。投标人投一个包（即一个标）或者可同时投多个包（即多个标）。上述如何分包（也称分标）和如何招标，以及如何授予合同，均由招标人确定，并在招标文件中写明。

要依据招标项目特性、实施队伍能力和状况，以及招标人自身的管理能力等，做出分包（分标）方案，进行比较，最后再确定分包方案。

## 二、案例陈述

2016 年 11 月 13 日，被告顺建公司将其承包的浦南高速公路毕岭头隧道工程分包给无施工资质的被告张仁施工。2017 年 1 月 15 日，被告张仁又将其承包工程中的部分防护和涵洞工程包给无施工资质的原告许建施工。原告施工的工程于 2017 年 12 月竣工，并经验收合格投入使用。经审核工程款，被告张仁尚欠原告许建工程款 301578 元。2018 年，原告许建因追要工程款将两被告告上法庭，要求被告张仁与被告顺建公司连带支付工程欠款。

本案审理中，浦城县法院合议庭对顺建公司是否应当连带支付工程欠款有两种不同意见。

### （一）分包合同无效需承担连带责任

第一种意见认为，被告顺建公司将其承包的工程部分包给不具备施工资质的被告张仁，被告张仁又将其承包工程中的部分工程包给不具备施工资质的原告许建，均违反《中华人民共和国建筑法》（以下简称《建筑法》）的规定，应属无效合同行为。被告顺建公司非建设工程发包方，其违法分包建设工程，属违法分包人，其与被告张仁对本案合同无效有共同过错，因此顺建公司与张仁应对拖欠的工程款承担连带责任。

### （二）代位权有限

第二种意见认为，根据《最高人民法院关于审理建设工程施工合同纠纷案件适用法律问题的解释》第 26 条的规定，实际施工人以转包人、违法分包人为被告起诉的，人民法院应当依法受理。实际施工人以发包人为被告主张权利的，人民法院可以追加转包人或者违法分包人为本案当事人。发包人只在欠付工程价款范围内对实际施工人承担责任。其法理来源于代位权理论，该理论的取得突破了合同相对性原则，但代位权是有一定限度的，只能在债务人的债权范围内，不能无限扩大。因此，顺建公司应在未支付的欠款范围内承担责任。

## 三、案例分析

浦城县法院法官经过深思熟虑，认为顺建公司与张仁应对拖欠的工程款承担连带责任。做出这一审判的依据如下。

### （一）分包应具备必要条件

所谓分包是指从事工程总承包的承包人将所承包的建筑工程的一部分发包给具备相应资质的承包单位的行为。根据我国《建筑法》第 29 条，建筑工程总承包单位可以将承包工程中的部分工程发包给具有相应资质条件的分包单位；但是，除总承包合同中约定的分包外，必须经建设单位认可。施工总承包的，建筑工程主体结构的施工必须由总承包单位自行完成。建筑工程总承包单位按照总承包合同的约定对建设单位负责；分包单位按照分包合同的约定对总承包单位负责。总承包单位和分包单位就分包工程对建设单位承担连带责任。禁止总承包单位将工程分包给不具备相应资质条件的单位。禁止分包单位将其承包的工程再分包。本案中，中铁某局作为总承包人，将浦南高速公路浦城路段分包给具有施工资质的被告顺建公司施工，符合我国《建筑法》的规定，双方的合同合法有效。但分包单位被告顺建公司将部分工程再次分包给被告张仁以及被告张仁将部分工程分包给原告许建的行为，已违反了法律的禁止性规定，属于违法分包。

### （二）“发包人”应承担的责任

《最高人民法院关于审理建设工程施工合同纠纷案件适用法律问题的解释》，该解释第 26 条规定：“实际施工人以转包人、违法分包人为被告起诉的，人民法院应当依法受理。实际施工人以发包人为被告主张权利的，人民法院可以追加转包人或者违法分包人为本案当事人。发包人只在欠付工程价款范围内对实际施工人承担责任。”该规定是为保护农民工的合法权益做出的规定。在理论上对于“发包人”有不同的理解。浦城县法院的法官认为，对于发包人，应做狭隘理解，在本案中应只指中铁某局，而不能扩大解释，将被告顺建公司也理解为发包人。

### （三）总结

建筑业是我国国民经济的支柱产业，对促进社会进步和提高人民水平发挥着重要作用。应遏制当前建筑施工领域屡禁不止的违法分包和转包的行为，更好地保护债权人的利益，加强违法分包人的法律责任。本案中被告顺建公司与被告张仁构成违法分包，双方存在共同过错，应就拖欠的工程款承担连带清偿责任。

当前主管部门应通过专项治理行动，全面落实工程建设各方责任主体项目负责人终身质量责任，健全完善工程质量监督机制，充分发挥工程监理作用，推进建筑产业现代化，切实提高建筑业从业人员素质，加快建筑市场诚信体系建设，规范我市建筑市场秩序，增强工程建设各方主体质量责任意识，完善工程质量监管体制，有效遏制建筑施工转包违法分包行为。

**案例分析与讨论题**

1. 工程项目所采用的评分办法是什么？
2. 你认为应该如何提升工程项目招标质量？
3. 如何遏制当前建筑施工领域法分包和转包的行为？

# 第四节　计算机软件与系统集成项目招标

## 一、案例背景

### （一）A 单位简介

浦东 A 单位坐落于浦东新区文化公园北侧，毗邻中国浦东干部学院以及地铁 7 号线锦绣路站，地处以世博会主会场和世纪公园为中心形成的上海新文化圈内。新馆建筑由株式会社日本设计进行方案设计，合作设计单位为华东建筑设计研究院有限公司，新馆工程于 2007 年 9 月开工建设，2010 年投入使用。新馆用地面积约 3 公顷，总投资 8.5 亿元，总建筑面积 60885 平方米，藏书容量约 200 万册，阅览座位约 3000 个，预计日接待读者 6000 人次。

### （二）藏书现状

浦东 A 单位有丰富的藏书资源，其信息化建设已具备相当的规模：配备了国内领先的网络、服务器等硬件设备，局域网内部形成了千兆主干、百兆到桌面、带有第三层路由交换高速网络。如何通过“数字化”，使 A 单位收藏数字化、操作电脑化、传递网络化、信息存贮自由化、资源共享化和结构连接化，达成远程服务，为更多的机关、企事业单位服务，成为此次“数字化”招标的必然要求和目标。

## 二、案例陈述

### （一）招标准备

A单位将该项目委托给B代理机构后，因本次招标的特殊性，B代理机构认真研究A单位的技术标的，在初步认识该项目的“面貌”、确立建设框架的基础上，针对其特殊性，严格按照招投标程序和要求，设计和制作了参标单位综合资信表、方案评分表，但在评判的技术标准和认知细节上，需要更充分的准备，并有必要进行大胆探索和尝试。这主要是因为本次所进行的是项目采购中的服务采购，不同于以往的货物采购和价格采购，价格在评判标准中不占据重要地位，即不能按照以往的招标要求——价格的最低者定为中标者。那么应该如何设定新的、科学的评判标准是此次公开招标中B代理机构应着重解决的事情。通过一系列的测定，最终B代理机构决定将评判标准的重点放在性能和售后服务方面。

### （二）招标过程

2015年10月1日，B代理机构将通过A单位同意的招标公告发布在中国招标网等网站上。

10月4日—10月9日，发售招标文件。

10月22日，截至下午五点，B代理机构统计共4家单位进行有效投标。

10月25日，B代理机构对甄别的4家单位进行了开标。

10月26日，本次招标开标后，专家评委以四份投标书中的项目方案设计的完整性、科学性，系统的全面性、可靠性为依据，有重点地进行评标。根据投标单位综合资信表、方案评分表，专家组进行了评分。最后专家评委对A公司的方案给予了较高的分数，A公司中标。

10月30日，经过A单位同意，B代理机构向A公司发出中标通知书。

11月5日，A单位与A公司签订正式合同。该合同由相应的业务专家、法律专家共同完成，力求合同的各项条款符合要求。

## 三、案例分析

此次关于数字集成系统的公开招标的圆满完成，为采购中心有关采购软件应用与开发方面，提供了宝贵的操作经验，为“数字化”建设方面的招投标工作打了良好的基础。特别是随着我国加入世界贸易组织（WTO），“电子政府”逐步成为可能。今后，采购中心会涉及更多关于这方面的采购任务。本案例的成功对如何通过“完善”“修正”招投标考量方法，来引导涉及“数字化”招标的规范化、实用化、可操作化有重要意义。

### （一）成立项目小组

“数字化”建设方面的专业性强，技术要求高，其工作原理和建设过程，非该行业的一般人员所能掌握和熟悉。为确保中标单位符合招标方的要求，使招投标圆满成功，事先应成立项目领导小组，项目小组组长、副组长由预算单位（招标方）、采购中心领导担任，由相关的技术人员、采购人员组成项目小组成员。主要负责项目前期准备工作，加强内部交流和沟通，统一对外进行发布和联络，解决存在的问题。

### （二）做好前期准备

计算机软件系统的技术复杂，属于无形产品，没有可比性，在短时间内无法就每一个技术细节提出明确的要求。而系统集成项目是一个长期的系统工程，还要考虑今后的升级换代与目前开发项目的接口的技术性、合理性的问题。因此，有必要对现有的、成熟的模式进行摸底和调研，了解有关软件公司的背景资料，以及此类公司开发此类软件的设计能力，并且初步掌握“数字化”的基本思路和基本理念。这些对制作好投标文件有很大的帮助。

### （三）确定评判标准

B代理机构在接到A单位的招标委托后，所进行的最重要的一件事就是确定此次公开招标的评判标准。评判标准的不同会完全影响评标结果，因此在进行招标的过程中，需重视评判标准的确立，同时应根据不同的项目特性选择评判标准，本案中B代理机构根据本次服务采购招标的特性，多方面考虑制定本次招标评判标准，值得各单位及招标代理机构借鉴。

1. 考量标准突出性能

此次采购的对象是计算机软件及系统集成方面的特殊商品，确保能采购到质量稳定、工作可靠、技术新颖的“数字化”软件，价格并不是绝对因素。衡量标书方案的科学性、完整性是考核投标单位的基本原则，而软件系统的合理性、建设性、扩展性，核心软件的成熟性、适用性是考核投标单位的主要内容。鉴于此，中标价格就是投标价格。通过此次招标活动，不但在技术上实现可持续性，还要取得良好的社会效益。

2. 确定详尽的售后服务条件

售后服务是影响本次招标能否获得成功主要因素之一，特别是软件系统的特殊性，谁开发谁就掌握了软件的核心，其服务将严重依赖于开发单位，且是长期性的，而售后服务响应时间和维护质量是系统稳定工作的根本保障。为此，投标方要列清其提供的专业维护队伍的人员素质、保修响应时间、修复时间，并写入合同。

### （四）总结

随着社会的不断进步与发展，不同行业、不同类型的招标项目也将随之产生。这要求采购人、采购代理机构以及投标人三方具备更完备的知识及技能，以适应新兴事物的产生。此次招标为全体采购人员提供了一次了解和学习“数字化”的招标机会，其意义超越了招标的本身。

同时，本次招标还有一个方面可供借鉴，便是合同的制定。在软件的应用与开发及系统集成过程中，会涉及知识产权权属问题，需要供应商分清和确认。并要符合有关知识产权的法律、法规的规定。需要在合同中加以强化和细化这方面的条款。在这方面，A单位做得很好，值得各方借鉴。

**案例分析与讨论题**

1. 你认为作为采购人，调研工作中应包括哪些内容?
2. 服务类项目包含哪些?
3. 运用所学知识分析如何“完善”“修正”招投标考量方法?

## 第五节　指定货物品牌导致Z师范大学项目采购失败

### 一、案例背景

#### (一) Z师范大学简介

Z师范大学是一所历史悠久、传统优良的省属重点师范大学，是教育部和Z省人民政府“省部共建”高校、国家中西部基础能力提升工程重点建设百所高校之一。学校占地面积3300亩[①]，下设22个学院，2个独立学院，27所附属和合作办学的中小学、幼儿园。设有文、史、哲、法、教、管、理、工、经济、艺术、农学11大学科门类，形成多学科协调发展的学科与专业格局。近年来，Z师范大学通过在教师教育、人才培养模式、课程体系、学分制、教学内容、教学方法等方面的改革和创新，完成了由传统的师范教育向现代教师教育、由传统师范院校向以教师教育为特色的高水平大学的转型。

#### (二) 采购原因

2016年8月，距离Z师范大学2016届学生入学还有一个月，为给全校师生提供更优异的办公环境和学习环境，Z师范大学决定采购一批新的教学设备提升学校“硬件”配置。恰逢Z省“省级优秀学校”进入评选阶段，因此决定将这批新教学设备配合Z

① 1亩=666.67平方米。

师范大学争创该奖项。因此，Z 师范大学要求此次采购的教学设备必须高标准，必须体现优质性和先进性。同时将此次采购当作一个项目来处理，成立了专门的项目小组负责本次教学设备采购。

## 二、案例陈述

### （一）招标过程

2016 年 8 月 5 日，经过一番慎重思考，Z 师范大学项目小组将本次采取公开招标方式的“教学设备购置项目”货物采购委托给了 H 招标公司。一是因为 H 招标公司信誉好，实力强；二是该招标公司与 Z 师范大学有过满意的合作过往。

H 招标公司了解到此次货物采购招标原因是为配合 Z 师范大学争创“省级优秀学校”而准备的。因此，H 招标公司对此次招标工作高度重视，其负责人与采购人 Z 师范大学一起实地调研了周边省市和北京、上海、广州等大城市师范学校同类产品的采购和使用情况，并对本校既有同类教学设备在使用中发现的问题进行了解，听取多方意见后，编制完成了招标文件。

10 月 25 日，H 招标公司发布招标公告，并同时开始发售招标文件。在招标文件发售期间，共有 A、B、C、D 四家供应商购买了招标文件。

10 月 28 日，H 招标公司收到 B 公司提交的质疑函，质疑函称：招标文件中指明了某些设备的品牌，存在不合理条款，例如，第五章第二条品目六中指定了多媒体教学大屏幕为三星品牌，规定了投影仪为夏普品牌。要求 H 招标公司和 Z 师范大学修改招标文件。

H 招标公司回复质疑称：招标文件表格中所列产品品牌并不是指定品牌，只是表示列出的品牌在之前的使用中效果较好，并将其作为推荐，供应商可以提供招标文件中标明品牌的产品，也可以提供其他品牌的产品。因此，招标文件不存在指定品牌的问题，也不存在歧视性，不需要修改。B 公司对 H 招标公司针对质疑的答复不满，向财政部门提起投诉。

### （二）调查发现

财政部门调取了本项目的招标文件、质疑文件和质疑答复等材料。调查发现：招标文件第五章“二、技术规格及要求”“品目六”规定，“为保证大型阶梯教室中多媒体教学情况下的显示效果，大屏幕显示器应采用三星品牌宽屏高清显示器”；同时，在投影仪的配置一项中表明，“投影仪应采用夏普影院系列投影设备”。这与 H 招标公司在质疑回复中所称的“招标文件表格中所列产品品牌并不是指定品牌”的表述大相径庭。后来，财政部门向 H 招标公司再次核实，H 招标公司反映说，这是 Z 师范大学的要求，其实在编制招标文件时，H 招标公司已向 Z 师范大学建议过，认为这样在招标文件中写明品牌不太好，但Z师范大学为了落实校领导要求，采购高质量教学设备，坚持要求写明品牌，所以才按照Z师范大学的要求在招标文件中做出了上述规定。

### （三）处理结果

根据调查结果，财政部门认为，《政府采购货物和服务招标投标管理办法》（财政部令第18号）第二十一条规定："招标文件不得要求或者标明特定的投标人或者产品，以及含有倾向性或者排斥潜在投标人的其他内容。"

本项目招标文件中指定了部分产品的品牌，违反相关规定，必然会影响或者可能影响中标结果。财政部门做出处理决定：本项目违反了《政府采购货物和服务招标投标管理办法》（财政部令第18号）第21条和第68条的规定，责令采购人重新开展采购活动。

## 三、案例分析

本案反映了政府采购中常见的问题，即指定品牌的问题。应当说，本案中采购人、代理机构都存在不当之处。

### （一）采购人指定品牌

采购人在提供采购文件的技术需求时不应指定品牌。政府采购的基本原则是公开透明、公平竞争，应该允许符合采购需求的所有供应商均能参与竞争，只有这样，才能通过广泛而充分的竞争使采购人采购到最符合需求且价格合理的货物和服务。如采购人在招标文件中指定了某个或某些产品或服务的品牌，则必然会限制其他品牌参与此次政府采购活动，难以实现各品牌的公平竞争，既损害了供应商的权益，也会最终导致政府采购活动难以达到最佳效果。本案中，Z师范大学一意孤行，坚持在招标文件中明确产品品牌，导致了本案投诉的发生。

### （二）代理机构未及时纠正

代理机构在发现采购文件的技术需求存在问题时应该及时纠正，不应盲目听从采购人的要求。代理机构作为专业机构，应该非常了解政府采购法律法规与程序规定，在发现采购人提供的技术需求存在倾向性或其行为有不当之处时，应当及时指出，并要求采购人改正。本案中，H招标公司发现了采购人提供的技术需求中存在指定品牌的问题，却没有依法坚持自己的意见、要求采购人修改相应的技术需求内容，而是仍然按照采购人的要求编制招标文件并公开发售，最终导致了供应商不满，引发本案的质疑投诉。

### （三）总结

正确引导，规范采购单位的采购行为。自《政府采购法》颁布以来，各级财政部门采取多种形式宣传、推进政府采购制度，但大多将宣传的重点放在集中采购目录中的具体项目上，凡采购目录内的项目，必须强制委托集中采购机构进行采购，而对如何规范采购单位在政府采购活动中的行为很少提及。因此，今后的工作重点应放在规范采购单位采购行为上，加大宣传力度，完善相关制度，以制度来细化《政府采购法》。采购单位应提高计划意识，在预算和计划编制方面进一步细化政府采购目录，认真分析政府采购重点，严格依据政府采购预算，制订并实施政府采购计划年度方案。

**案例分析与讨论题**

1. 结合案例分析为何招标文件中不得指定货物品牌?
2. 分析货物招标中所采用的最低评标价法。
3. 你认为从招标代理机构角度如何提升采购质量?

# 第八章　政府采购

## 第一节　PPP 项目的投诉案件

### 一、案例背景

山西太原市汾东污水处理厂于 2017 年建设，采用较为先进的污水处理工艺 MBR（膜生物反应器），项目投资近 268109.59 万元，按地上式污水处理厂设计，分二期实施，其中一期工程为 35 万平方米/天，二期扩建工程为 19 万平方米/天；厂外配套管网一期工程新建管道工程 39.7 千米；汾东污水处理厂污水中途提升泵站近期规模为 35 万平方米/天，远期规模为 54 万平方米/天，提升高度 8 米，近期土建一次完成，设备分期安装。

汾东污水处理厂一期工程项目已完成政府和社会资本合作（以下简称 PPP）实施方案编制，通过了财政部门的物有所值及财政承受能力论证，并由太原市人民政府批准采用 PPP 模式实施。招标人是经太原市人民政府授权的项目实施机构太原市城乡管理委员会。项目已具备招标条件，现对该项目的社会资本进行公开招标，特邀请通过资格预审的投标人参加投标。本公告所称社会资本是指按国家法律、法规、规章和规范性文件要求，可以参与 PPP 项目的市场主体。此次 PPP 项目采用竞争性磋商方式实施采购，磋商成交结果公布后，因天地环境集团报价远高于项目采购文件中财务分析数据得出的 30 年可获污水处理费总额而被恩泰环保投诉。

### 二、案例陈述

#### （一）项目质疑及处理

恩泰环保在投诉书中表示，同一份磋商文件，除天地环境集团外，其他投标人报价均接近，其怀疑天地环境集团报价不合理，明显低于成本价。同时，恩泰环保指出，该项目价格分采用“高价优先法”计算，这一方法需要合理合法的控制依据，否则会出现恶性竞标的现象。

当地财政局接到投诉后就投诉事项展开了调查。经调查发现，关于报价中的项目运营维护资金，磋商文件提供的“污水处理费为1.22元/平方米（含税），日常运营期间的基准水量为33600吨/天，运营期间水费调价由成交双方磋商确定”这一需求不明确，导致供应商在测算时考虑因素范围有所不同，造成恩泰环保与中标供应商报价差异较大的现象发生。而对此问题，磋商小组并没有在磋商过程中去解决。因此，财政局认为该项目磋商过程并未按照法定程序进行，本次政府采购中标、成交结果无效，责令项目采购人重新开展采购活动。

此外，针对恩泰环保对“高价优先法”提出的投诉，财政局认为这一事项属于对磋商文件的质疑，彼时，质疑时效已过，属无效投诉事项不予受理。

### （二）案件疑惑

1．“高价优先法”是否能够一带而过

那么，“高价优先法”合理吗？虽然在本案中，对于恩泰环保提到的“高价优先法”评分标准会出现恶性竞标现象，财政局以“已过质疑时效，属无效投诉事项”将其驳回了，但“高价优先法”难免不引人注意。

从该污水处理厂PPP项目磋商文件中可以看到，项目采用综合评分法对提交最后报价的投资人的响应文件和最后报价进行综合评分。评审标准分为两部分：技术分和价格分，其中价格分占比30%。在价格分部分，磋商文件规定，价格分采用高价优先法计算，即满足磋商文件要求且最后报价最高的投资人的价格为磋商基准价，其价格分为满分。而《政府采购竞争性磋商采购方式管理暂行办法》（以下简称《管理办法》）第二十四条规定：“综合评分法中的价格分统一采用低价优先法计算，即满足磋商文件要求且最后报价最低的供应商的价格为磋商基准价，其价格分为满分。”

2．“高价优先法”是否会导致恶性竞标现象

从该项目磋商文件可以了解到，汾东污水处理厂PPP项目的性质为存量项目。政府出售项目经营权，直接获取相关收益，项目收益则全部归社会资本方所有。从这一系列信息可以看出，该项目属于存量资产和经营权转让的TOT（移交—经营—移交）项目，它不同于平常的政府采购项目，政府作为出让方或转让方，在某种程度上，自然希望把存量资产或特许经营权卖得越高越好。所以，采取价高者得的方式是合理的。

至于“高价优先法”到底会不会如恩泰环保所说，导致恶性竞标现象发生，海南菲迪克招标咨询有限公司总经理彭时明认为的确会，“投标人为了得到某个项目，即使最终回报达不到他所给出的报价，也要拼命往上报，恶意报价现象自然就发生了，这会给项目后期履约带来一定风险”。

## 三、案例分析

此次PPP项目为什么会收到供应商的起诉，值得招标人及代理机构深思，下面从

两个方面进行分析。

### （一）理解偏差

报价，顾名思义是卖方通过考虑成本、利润等因素给出的可行性价格。为什么在本污水处理厂 PPP 项目中，投标人会对此产生理解偏差？这一偏差的具体内容和根源是什么？

从本次磋商文件中可知，该项目报价点为“项目资本金＋运营维护资金”。项目投诉处理决议书称：由于需求表述不明确，致使供应商在测算 30 年项目运营维护资金时考虑因素范围有所不同。由此可见，投标人的报价差异主要体现在运营维护资金部分。

为什么在运营维护资金的理解上会出现偏差？弄清这一问题之前不妨先了解一下 PPP 项目的回报机制。

### （二）PPP 项目回报机制

PPP 项目回报机制，即项目收入来源方式主要包括政府付费、使用者付费和可行性缺口补助等。其中政府付费是指政府直接付费购买公共产品和服务；使用者付费是指由最终消费用户直接付费购买公共产品和服务。而该污水处理厂 PPP 项目的运营维护资金，可以是政府通过向项目公司购买服务而支付的，也可以是由最终使用者支付的。乍一看，项目磋商文件中的规定似乎与《管理办法》存在冲突，对于这一冲突，彭时明表示：“PPP 项目不能机械照搬招投标的价格评审套路，因为二者不是一个体系。”上海百通项目管理咨询有限公司张志军对此观点表示赞同。张志军向记者介绍，PPP 项目运作方式分为 BOT（建设—经营—转让）、TOT 等，而价格分应采用“高价优先法”还是“低价优先法”，视项目具体内容而定。

### （三）总结

PPP 模式，是指政府与私人组织之间，为了提供某种公共物品和服务，以特许权协议为基础，彼此之间形成一种伙伴式的合作关系，并通过签署合同来明确双方的权利和义务，以确保合作的顺利完成，最终使合作各方达到比预期单独行动更为有利的结果。“高价优先法”是指以其出价较高者，有应募公债券的优先权。从出价最高者依次往下排，直到发行数额全部被认购完为止。

为提高 PPP 招标项目质量，防止恶意竞标等行为，相关部门应健全法律法规，严格执法，依法处罚。同时，还要对相关部门落实问责制度，优化评标办法，对违规人员罚处违约金。在社会诚信体系尚待完善的当下，可以酌情设立报价的最高上限，同时应加强后期的履约监管。

（本案例来源于中国政府采购报，作者：周琳娜）

**案例分析与讨论题**

1. 什么是 PPP 项目？

2. 如何提升 PPP 项目招标质量？

3. 列出政府采购项目类型及采购方式。

## 第二节　单一来源采购需慎重

### 一、案例背景

#### （一）现状简介

常州市武进区市场监督管理局为区政府工作部门，挂区食品药品监督管理局、区食品安全委员会办公室牌子。主要职责：贯彻执行国家、省、市有关工商行政管理、质量技术监督、食品药品监督管理等方面的法律法规、规章政策和标准规范。依法开展市场监督管理和行政执法的有关工作等。

常州市武进区市场监督管理局为实现监管提示、监督检查、经济户口查询、收费查询、公文办理、邮件收发、通知公告、内部通讯、业务辅助等功能，欲采购移动监管执法系统通信服务，简称“工商 E 通”项目，依托移动通信网络和江苏工商内部业务专网，使用移动监管执法终端，构建包括移动监管和移动办公两个应用的信息系统。

经常州市武进区市场监督管理局要求，B 代理机构选择了单一来源采购方式，将 C 公司作为此次采购的唯一供应商，并在网上发布公告，理由为“该标的性质特殊”。公示期间，相关供应商提出质疑，并向政府采购监督部门反映情况，政府采购监督部门审查后认为异议理由成立，要求采购人变更采购形式，单一来源采购遂终止。

#### （二）单一来源采购

单一来源采购也称直接采购，是指采购人向唯一供应商进行采购的方式。适用于达到了限购标准和公开招标数额标准，但所购商品的来源渠道单一或属专利、首次制造、合同追加、原有采购项目的后续扩充和发生了不可预见的紧急情况不能从其他供应商处采购等情况。该采购方式的最主要特点是没有竞争性。

《货物、工程和服务采购示范法》（简称《示范法》）第五十一条规定了单一来源采购；《国际复兴开发银行贷款和国际开发协会信贷采购指南》（简称《指南》）在“招标以外的采购方法”一章中规定的直接签订合同方法即是单一来源采购。世界贸易组织《政府采购协议》（简称《协议》）第七条规定了限制性招标，相当于单一来源采购。欧盟《政府采购指令》（简称《指令》）规定了谈判程序，其中不带竞争邀请的谈判程序即是单一来源采购。

## 二、案例陈述

常州市武进区市场监督管理局选择B代理机构为其提供采购代理服务。该项目经过一次流产的单一来源采购、一次流标的公开招标采购、两轮竞争性谈判，最终C公司以68万元价格竞标成功，比预算价236万元低了71%。该采购项目标明确、采购流程规范，然而实际采购过程却一波三折，不难发现其中一个重要原因是起初选择了单一来源采购方式。那么，该项目最初为什么选择单一来源采购？又是什么原因导致单一来源采购失败？到底能否采用单一来源采购？

### （一）供应商提出需求质疑

在该项目最初的单一来源采购公示中，关于采购需求，有一点较为引人关注："移动信号发射基站必须达10个以上"。表面上看来，这是采购人为满足自己的业务需要而提出的正常采购需求。然而，相关供应商质疑称，尽管自己的发射基站数量未达到10个以上，但发射信号强度大，完全能够满足采购人的需求，因此，这是采购人在招标文件中蓄意设置限制性条款。

### （二）单一来源采购适用条件

根据《政府采购法》第三十一条规定，符合单一来源采购的有三种情形：一是只能从唯一供应商处采购的；二是发生了不可预见的紧急情况不能从其他供应商处采购的；三是必须保证原有采购项目一致性或者服务配套的要求，需要继续从原供应商处添购，且添购资金总额不超过原合同采购金额的10%。

关于第一种情形，《政府采购法实施条例》第二十七条规定，系指因货物或者服务使用不可替代的专利、专有技术，或者公共服务项目具有特殊要求，导致只能从某一特定供应商处采购。《〈中华人民共和国政府采购法实施条例〉释义》对该条阐释说明，使用专利或者专有技术的项目采用单一来源采购的，需同时满足三个方面的条件。一是项目功能的客观定位决定必须使用指定的专利、专有技术或者服务，而非采购人的主观要求。仅因项目技术复杂或者技术难度大，不能作为单一来源采购的理由。二是项目使用的专利、专有技术或服务具有不可替代性。三是因为产品或生产工艺的专利、专有技术或服务具有独占性，导致只能由某一特定供应商提供。此外，在推进政府购买公共服务改革中，可以结合政府职能转变和机构改革情况考虑是否向特定的体制内单位实行单一来源采购。

第二种情形相对好理解，指由于不可预见的事件或原因（如地震、海啸等）导致从时间等方面难以满足要求，无法从其他供应商处采购，客观上只能从某一供应商处采购。

第三种情形包含两种类型。第一类为"一致性或者服务配套"要求下的单一采购，指采购人为保持与原有项目功能上的有效对接或对原有项目进行系统升级，受制于原供应商的产品技术要求或规格型号匹配等因素，只能继续从原供应商处采购。第二类为“添加”要求下的单一采购。《政府采购法》第四十九条明确，“在不改变合同其他条款的前提下，可以与供应商协商签订补充合同，但所有补充合同的采购金额不得超过原合同金额的百分之十”。全面理解“不改变合同其他条款的前提”，应同时满足六个条件：原有项目须实施政府采购；签订补充合同之前，应报请财政部门核准使用该项目结余资金；补充期限须在原合同履行期内；补充产品须为原项目本身需要；补充产品品目和单价须与原合同相符；补充金额不超过原合同的10%，且补充后的项目采购总金额不得突破原项目预算。原项目代理机构对原招标文件和合同较为了解，应作为见证方见证补充协议，对其添加内容是否符合上述条件加以核实。

## 三、案例分析

### （一）采购人指定单一来源采购方式

作为采购人的常州市武进区市场监督管理局，可否向B代理机构指定某种采购形式?《政府采购法》规定，“应当由采购人与采购代理机构签订委托代理协议，依法确定委托代理的事项，约定双方的权利义务”。同时规定，采购人享有委托权、自行选择权、签订协议权、资格审查权、联合权等。其中的“自行选择权”是指采购人享有自行选择采购代理机构的权利，以及根据采购项目的特殊要求，规定供应商的特定条件的权利。本案中采购人指定采购方式，显然超出了法律规定的权利范围，且干扰了采购代理机构的采购行为。

### （二）采购代理机构不专业、不规范

在上述“供应商提出需求质疑”中提到“移动信号发射基站必须达10个以上”的规定是否属于限制性条款?从相关供应商的质疑内容中不难看出，对发射基站规定其数量而不规定其工作能力，这与采购宗旨显然是不吻合的，确实属于限制性条款。那么，采购代理机构为什么会如此设置呢?其原因体现在以下两个方面：一方面是由于采购代理机构业务能力存在缺陷，另一方面是采购代理机构无原则地迎合采购人，进而想方设法钻法律的“空子”、打“擦边球”。

### （三）总结

在实践中为避免类似现象的发生，应切实保障采购代理机构的法定权责，提高采购代理机构的独立性、公正性。同时，还要发挥政府采购监督部门的作用，健全问责机制，使采购人、采购代理机构在开展采购活动时敬畏法律，做到谨慎发标、规范招标、公正定标。

**案例分析与讨论题**

1. 采购人员如何确定采购方式？

2. 如何通过政府采购监管部门审批最初的单一来源采购方式？

3. 你认为该项目最终成交价比预算价低 71%，这究竟是采购活动的圆满成功，还是采购人或采购代理机构在确定项目预算时出现重大失误？

## 第三节　承德电视台设备采购遭遇同品牌同型号投标

### 一、案例背景

承德电视台成立于 1985 年，现有职工 200 多人。作为承德市重要的新闻媒体，承德电视台承担着宣传市委市政府大政方针、为百姓解疑释惑、加强舆论监督、确保正确舆论导向的任务。目前共有新闻综合、影视、都市三个频道，节目覆盖承德八县三区。拥有台办室、总编室两个综合管理部门和新闻、专题、外宣、文艺、广告、技术六个中心，以及承德广电书画院。开办的《直播承德》栏目包含《承德新闻》《每日关注》《今日聚焦》《民声直达》四档节目，另有《中国承德》《家乡人》《三农天地》《紫塞视野》《音画承德》《健康》《家园》《时尚生活》等多档节目。每年，承德电视台有大量节目在中央台和河北台播出，部分节目还在境外电视媒体播出。前后期全部实现数字化、网络化，后期制作全部采用非线性编辑。拥有一辆 4 讯道转播车、10 米和 6 米摇臂以及光纤和微波信号传输系统，每年承担了大量的直、录播任务。

2018 年 4 月承德电视台为提升节目制作、传输、播出水平和质量，特委托承德中建招标代理机构进行高清转播设备采购。该采购项目共有高速摄像机、摄像机光缆及线缆盘两个品目号。

### 二、案例陈述

本次公开招标共有 A、B、C、D、E 五家公司参与了投标。评标委员会在对本项目进行资格性及符合性审查时发现，A 公司与 B 公司两家投标人所投高速摄像机、摄像机光缆及线缆盘的品牌型号完全相同，C 公司、D 公司两家投标人所投产品中的高速摄像机与 A 公司和 B 公司所投高速摄像机品牌型号相同，但摄像机光缆及线缆盘不同。

### （一）同一品牌型号投标

在评审过程中，评标委员会认为A公司与B公司两家投标人所投产品完全相同，以同一品牌同一型号的产品参加投标，并根据该项目招标文件“如果有多家投标人以同一品牌同一型号的产品参加投标，只能视为一家，以通过资格性和符合性审查的最低报价的投标人进入综合评分”的条款要求，由于A公司报价较高，故A公司不进入综合评分；而C公司、D公司两家投标人所投产品与A公司和B公司所投产品并不完全相同，评标委员会认为该情况无法认定C公司、D公司是以同一品牌同一型号的产品参加投标，C公司、D公司均进入该项目的综合评议阶段。

### （二）提出质疑

接着，评标委员会对B、C、D、E四家通过投标文件初审的投标人的投标文件按招标文件规定的评标方法和标准进行商务和技术评估，综合比较与评价并进行综合打分，评标委员会最终推荐综合得分第一名的投标人C公司为本项目中标供应商。采购结果公告后，投标人E公司对本项目提出质疑，质疑称A、B、C、D四家投标人所投产品中高速摄像机均为同一厂家生产的同一型号产品，且由于本项目中高速摄像机为核心产品或关键产品，其价值占本项目总价的3/4，其余为附属性产品，因此，核心产品高速摄像机为“同一品牌同一型号的产品”，即应认定本项目A、B、C、D四家投标人所投的产品为“同一品牌同一型号”，根据上述招标文件的条款要求，A、B、C、D四家投标人仅能有一家投标人进入综合评分，继而，该项目有效投标人只有两家不足三家，应予废标处理。

### （三）处理结果

接到质疑函后，上述代理机构积极进行核查，并根据评标委员会的评审意见对质疑人E公司进行答复，E公司对代理机构的答复不满，向政府采购主管部门就该质疑事项进行了投诉。政府采购主管部门接到E公司的投诉书后，经请示上级主管部门关于参加同一品牌同一型号产品投标的供应商认定的有关问题后，开具了政府采购监督意见书。意见书内容为：经查实，本项目通过公开招标方式采购高速摄像机和摄像机光缆及线缆盘，该项目实际包含高速摄像机、摄像机光缆及线缆盘，其中高速摄像机为主要产品，摄像机光缆及线缆盘为摄像机配件产品。最终，上述部门认定本项目招标无效，应予废标并按政府采购有关规定重新组织采购；并考虑本项目中的摄像机光缆及线缆盘分项报价差异过大，应单独作为一个项目进行采购，以节约财政资金。

## 三、案例分析

上述案情中，争论的问题在于不同供应商所投产品品目中的核心产品为同一品牌同一型号产品，是否应确定以同一品牌同一型号产品投标。最终的有效投标人只有两家不足三家，该项目应按废标处理。主要依据如下。

（一）品牌相同，算作一家

2017 年 10 月 1 日颁布实施的中华人民共和国财政部令第 87 号《政府采购货物和服务招标投标管理办法》第三十一条规定，采用最低评标价法的采购项目，提供相同品牌产品的不同投标人参加同一合同项下投标的，以其中通过资格审查、符合性审查且报价最低者参加评标；报价相同的，由采购人或者采购人委托评标委员会按照招标文件规定的方式确定一个参加评标的投标人，招标文件中未做规定的采取随机抽取方式确定，其他投标无效。

使用综合评分法的采购项目，提供相同品牌产品且通过资格审查、符合性审查的不同投标人参加同一合同项下投标，按一家投标人计算，评审后得分最高的同品牌投标人获得中标人推荐资格；评审得分相同的，由采购人或者采购人委托评标委员会按照招标文件规定的方式确定一个投标人获得中标人推荐资格，招标文件中未做规定的采取随机抽取方式确定，其他同品牌投标人不作为中标候选人。对于非单一产品采购项目，采购人应当根据采购项目技术构成、产品价格比重等合理确定核心产品，并在招标文件中载明。多家投标人提供的核心产品品牌相同的，按前两款规定处理。

（二）不足三家，依法废标

根据《政府采购法》的立法精神及第三条规定，“政府采购应当遵循公开透明原则、公平竞争原则、公正原则和诚实信用原则”。公开竞争是政府采购的基石，政府采购的竞争是符合采购人需求的不同品牌或不同生产制造商之间的竞争。从本项目政府采购具体组织实施情况分析，其主要产品即高速摄像机实际上仅为两个品牌、两个型号之间的竞争，即 C 公司与 E 公司，不能满足公开招标应至少有 3 家供应商参与竞争的基本要求，基于此，上述部门做出了“本项目招标无效，重新组织招标”的认定。

（三）总结

采购人在某些有着特殊要求的品目采购项目中，应尽量避免产品品目、型号带来的纠纷，减少质疑和投诉。具体来说，可从以下三个方面规避：一是在集成产品采购中，如多家投标人所投主体功能产品为同一品牌同一型号时，应当按一个供应商计算；二是在集成产品采购中，集成产品的主体功能产品的范围，应当事先在采购文件中明确约定；三是采购多种货物或服务时要合理划分合同包，不得把不同性质、类别的货物服务作为一个合同包进行采购。

**案例分析与讨论题**

1. 制造商与经销商投标同一品牌，是无效投标吗？

2. 不同经销商提供同一制造商的不同品牌，如何计数投标人？
3. 你认为应如何避免同一品牌型号招标？

## 第四节　投标保证金的重要性

### 一、案例背景

#### （一）现状简介

北京理工大学创立于1940年，是中国共产党创办的第一所理工科大学，学校是新中国成立以来国家历批次重点建设的高校，首批进入国家“211工程”和“985工程”建设行列。2017年，北京理工大学为提升教学水平，改善教学环境，需进行一批教学设备的采购，特委托北京致信招标公司进行本次招标，招标方式为公开招标。

#### （二）公开招标流程（见下图）

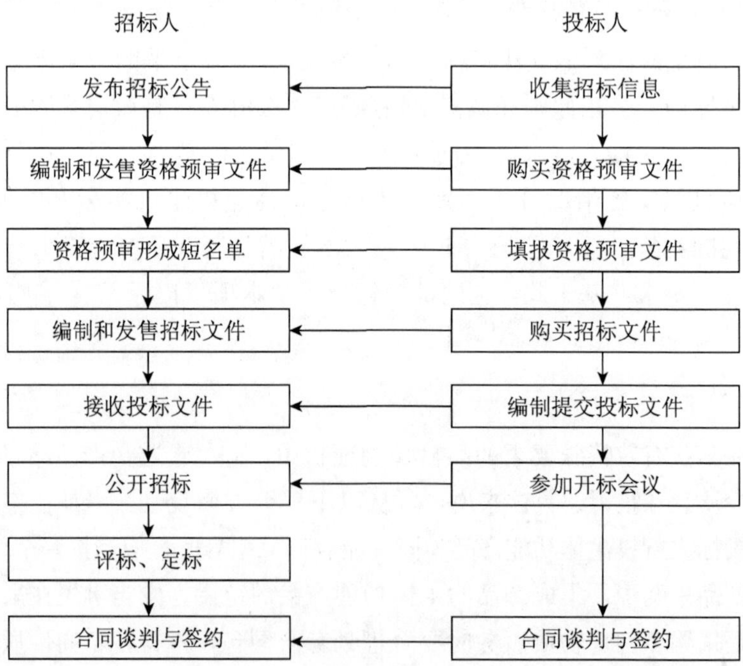


公开招标流程

## 二、案例陈述

北京致信招标公司工作人员与北京理工大学相关人员共同编制了招标文件。关于投标保证金，在此次项目招标文件中提出了这样的要求：供应商须缴纳的投标保证金为投标报价的1%。开标唱标后，北京致信招标公司的工作人员对其进行审核，参与投标的11家供应商都按照规定缴纳了投标保证金。但进入评标阶段后不久，评标委员会的一位专家却发现，F公司的投标报价的总价金额与按单价汇总金额不一致。当这位专家向北京致信招标公司的项目负责人提出这个问题时，采购代理机构的项目负责人表示，直接按照《政府采购货物和服务招标投标管理办法》第四十一条“总价金额与按单价汇总金额不一致的，以单价金额计算结果为准”处理即可。

### （一）发现问题——F公司投标保证金不足

一段“小插曲”之后，评审活动继续进行。让人意想不到的是，评审工作进入尾声时，一位评标专家又突然提出：“这次采购可能会出点问题，F公司的投标保证金不足。”这到底是怎么回事呢？

据介绍，在评审即将结束时，评标委员会的牵头人对各投标人的得分情况进行汇总后宣布：“F公司的综合得分排名第一……”但没过两分钟，一位细心的评标专家却提出：“F公司的投标可能是无效的。因为F公司的投标保证金只是其开标一览表上投标总价的1%，而根据《政府采购货物和服务招标投标管理办法》重新认定其报价后，该公司的投标报价提高了。这就直接导致了该公司的投标保证金不足。”

### （二）产生争议——F公司是否投标无效

经这位细心的评标专家的提醒，现场的评标专家一下子都坐不住了。第一反应是让采购代理机构现场的工作人员把《政府采购货物和服务招标投标管理办法》打印出来，人手一份，马上进行分析研究。通过学习研究，部分评标专家认为，根据《政府采购货物和服务招标投标管理办法》第五十九条的规定，F公司的报价只能以单价金额计算为准，而根据《工程建设项目施工招标投标办法》第三十七条的规定，投标人投标时，应当按招标文件要求缴纳投标保证金。投标人未按照招标文件要求缴纳投标保证金的，招标采购单位应当拒绝接受投标人的投标文件。因此，应将F公司从中标候选人之列排除。

但有一些专家却发表了截然不同的观点：“F公司出现的问题虽然可以直接在《政府采购货物和服务招标投标管理办法》中找到处理方法。但如果直接按照《政府采购货物和服务招标投标管理办法》的规定处理，却有违《政府采购法》的公平、公正原则。因为从F公司缴纳投标保证金的数额来看，其开标一览表上写的总价应该为该公司的实际报价。此时，只有根据投标保证金的缴纳金额来推定F公司的实际报价才更客观，而不是机械地根据《政府采购货物和服务招标投标管理办法》的规定判其投标无效。”

两种观点的交锋持续20多分钟后，一位评标专家发表了新的看法：“应该根据《政府采购货物和服务招标投标管理办法》的规定，让F公司到评标现场来进行澄清，确认一下他们的真实意思。”

### （三）解决问题——澄清报价

经过激烈的争论，最终，监管部门派出的监督人员出面进行了协调：“我建议这个问题由现场的人举手表决确定解决方案。”此言一出，现场一半以上的人举起了手。最终，F公司到评标现场进行书面澄清，确认其投标报价为开标一览表上报的总价。

## 三、案例分析

### （一）质疑投诉隐患

问题虽然得到了暂时解决，但采购代理机构的负责人得知此事后，却担忧起来：“F公司的这个问题还是可能引出麻烦来，因为现在的供应商都很关心其他投标人的报价，唱标的时候还会拿着相机或者手机拍投影仪上投标人的报价情况，要是有人发现F公司的报价单价金额和总价金额不一致，且了解《政府采购货物和服务招标投标管理办法》的规定，又知道F公司是以总价金额中标的话，那是可能提出质疑甚至是投诉的……”

### （二）专家点评

业界专家表示，评标现场遇到的问题，只能让评标委员会根据政府采购的相关法律以及规章的规定来解决，其他人的意见和看法均不能左右评标。本案例中，招标公司负责人的担忧是有道理的，毕竟《政府采购货物和服务招标投标管理办法》对单价金额与总价金额不一致的处理已经做出了具体规定。而此次采购中，之所以会出现投标人的报价没法确定的问题，原因之一是招标公司对投标保证金的设置不科学。

### （三）总结

投标保证金是指在招标投标活动中，投标人随投标文件一同递交给招标人的一定形式、一定金额的投标责任担保。其主要保证投标人在递交投标文件后不得撤销投标文件，中标后不得以不正当理由不与招标人订立合同，在签订合同时不得向招标人提出附加条件，或者不按照招标文件要求提交履约保证金，否则，招标人有权不予返还其递交的投标保证金。

在具体的政府采购活动中，采购代理机构在招标文件中最好以确定的金额规定投标保证金缴纳数额，而不是要求投标人按其投标报价的某一比例交纳。这样，不仅可以避免投标人在缴纳完投标保证金时就泄露了其投标报价，还可以避免本案例中出现的投标保证金不足的问题。

**案例分析与讨论题**

1. 投标文件中开标一览表报价表内容与投标文件中明细表内容不一致的，应以什么为准？为什么？

2. 你认为如果其他未中标单位提出质疑，代理机构应如何回复？

3. 作为代理机构，应如何避免投标保证金不足？

# 第五节　“货物”与“服务”单行

## 一、案例背景

中国气象局政府采购中心受国家卫星气象中心委托，根据《政府采购法》等有关规定，现对风云四号科研试验卫星地面应用系统工程计算机网络系统总集成进行公开招标，就国家卫星气象中心“计算机网络系统总集成项目”组织公开招标工作。20××年 8 月 9 日，中国气象局政府采购中心得到国家卫星气象中心对招标文件的确认后，在中国政府采购网上发布了招标公告，并同时开始发售招标文件。在招标文件发售期内，共有 4 家供应商购买了招标文件。8 月 30 日投标截止，4 家供应商按时递交了投标文件。中国气象局政府采购中心组织了开标，国家卫星气象中心和投标人代表参与了开标仪式。开标仪式结束后，中国气象局政府采购中心组织了评标工作，评标工作由 2 名国家卫星气象中心代表和 5 名随机抽取的专家组成的评标委员会共同完成。经过评审，评标委员会向国家卫星气象中心推荐中软国际为中标候选人。国家卫星气象中心对评标结果进行确认后，中国气象局政府采购中心于 9 月 8 日发布了中标公告，公布中软国际为中标人。

## 二、案例陈述

### （一）质疑与投诉

中标公告发布后，神州数码提出质疑，称：中软国际于 20××年 5 月 22 日中标的另一个“服务器采购项目”是“计算机网络系统总集成项目”前期建设的一部分，中软国际提前获知了项目关键信息，具有优势，违反了《政府采购法》公平竞争原则和《财政部关于信息系统建设项目采购有关问题的通知》（财库〔2011〕59 号）的规定，应取消中软国际投标人及中标人资格。国家卫星气象中心、中国气象局政府采购中心答复称："服务器采购项目"是货物采购，是F卫星临时应急的联调联试支撑平台，建设在国家卫星气象中心大楼机房内，主要支持卫星在轨测试期间的工作。"计算机网络系统总集成项目"采购的是集成服务，集成对象建设在某气象卫星地面站数据中心机房内，主要支持卫星业务运行等业务应用使用，集成对象不包括"服务器采购项目"的采购内容。神州数码对此质疑答复不满，向财政部门提出投诉。

### （二）焦点及调查

本案争议的焦点是，货物项目是否适用财库〔2011〕59号文件。因此，财政部门调取了本项目的相关资料。调查发现："服务器采购项目"采购的是货物，采购内容主要为服务器设备，目的是为卫星应用系统的开发与联调联试提供计算资源、存储系统、数据传输通道等。而"计算机网络系统总集成项目"采购的是服务，采购内容为科研试验卫星地面应用系统工程计算机网络系统的集成服务，不包含相关软硬件设备的采购供货，目的是将科研试验卫星地面应用系统所有的IT相关软硬件集成为在功能、性能等方面均满足要求的气象卫星应用系统基础支撑平台。

### （三）驳回投诉

财政部门认为："计算机网络系统总集成项目"尚未采购设备，不能认定"服务器采购项目"是"计算机网络系统总集成项目"的前期工作，也不属于财库〔2011〕59号文件规定的情形。中软国际没有违反《政府采购法》公平竞争原则和财库〔2011〕59号文件的规定，不应取消中软国际投标人及中标人资格。

综上，财政部门做出处理决定如下：根据《政府采购供应商投诉处理办法》（财政部令第20号）第十七条第二项的规定，投诉缺乏事实依据的，驳回投诉。

## 三、案例分析

本案反映了政府采购活动中，供应商对财库〔2011〕59号文件的误读。将招标文件中明确规定的服务供应商，扩大为货物供应商。

### （一）供应商误读59号文件

根据财库〔2011〕59号文件的规定，在信息系统建设中，受托为整体采购项目或者其中分项目的前期工作提供设计、编制规范、进行管理等服务的供应商，对于理解及把握采购内容具有一定的优势，其再参加项目的采购活动，存在违反公平竞争原则的可能性。为保证政府采购公平、公正，凡为整体采购项目提供上述服务的法人及其附属机构（单位），不得再参加该整体采购项目及其所有分项目的采购活动；凡为分项目提供上述服务的法人及其附属机构单位，不得再参加该分项目的采购活动。

《关于〈中华人民共和国政府采购法实施条例〉第十八条第二款法律适用的函》（财办库〔2015〕295号）中规定：为促进政府采购公平竞争，加强采购项目的实施监管，《中华人民共和国政府采购法实施条例》第十八条规定："除单一来源采购项目外，为采购项目提供整体设计、规范编制或者项目管理、监理、检测等服务的供应商，不得再参加该采购项目的其他采购活动。"其中，"其他采购活动"指为采购项目提供整体设计、规范编制和项目管理、监理、检测等服务之外的采购活动。因此，同一供应商可以同时承担项目的整体设计、规范编制和项目管理、监理、检测等服务。

（二）总结

上述文件规范的是前期服务项目与后期货物采购项目的关系，以及整体项目服务与分项目服务等关系，有明确和特定的内容，不能做扩大解释。本案中，"服务器采购项目"采购的是货物，本项目采购的是集成服务，货物项目并不适用上述文件的规定。货物采购与服务采购不同。

**案例分析与讨论题**

1. 试分析货物与服务的区别。
2. 从采购方角度应如何提高政府采购质量？
3. 查询相关资料，分析供应商提出质疑的时间期限。

# 参考文献

[1] 吴雁飞. ERP在企业中的应用研究——以中国石化管道储运有限公司为例[D]. 邯郸：河北工程大学，2014.

[2] 雍世隆. 二重集团公司物资采购系统的设计与实现［D]. 成都：电子科技大学，2013.

[3] 刘强. 优化石油企业物资计划管理提升采购供应绩效［J]. 经济师，2018（3）：254-255.

[4] 莫然. 供应链环境下大型油田企业采购模式分析［J]. 现代经济信息，2016（2）：76.

[5] 鞠颂东，徐杰 . 采购管理［M]. 北京：机械工业出版社，2005.

[6] 张碧君，张向阳 . 采购管理［M]. 上海：格致出版社，2013.

[7] 谢小丹. 供应链环境下的库存管理分析［J]. 物流科技，2011，34（11）：109-111.

[8] 于赫. A公司库存管理优化研究［D]. 长春：长春工业大学，2017.

[9] 李方峻 . 采购管理实务［M]. 北京：北京大学出版社，2010.

[10] 徐梅. 中国海尔与JIT应用［J]. 商，2013（16）：69-70.

[11] 刘志强. 浅析基于JIT技术的海尔现代物流同步模式［J]. 商场现代化，2011（3）：42-43.

[12] 王元志. BST集团中国采购战略研究［D]. 重庆：重庆大学，2008.

[13] 黄沃才. SWOT在项目采购管理中的应用［J]. 中国现代教育装备，2011（11）：52-54.

[14] 陈大鹏. JD公司物资采购战略研究［D]. 秦皇岛：燕山大学，2016.

[15] 邱国伟. G公司基于全球采购的供应商评价与选择应用研究［D]. 上海：东华大学，2014.

[16] 钟敏. 全球采购中供应商的选择过程［J]. 项目管理技术，2009（S1）：579-581.

[17] 蒋勇. XQ公司供应商分类与激励管理研究［D]. 武汉：华中科技大学，2006.

［18］刘超. CY公司供应商分类管理策略研究［D］. 上海：华东理工大学，2010.

［19］陈丽蓉. S公司供应商绩效管理研究［D］. 上海：华东理工大学，2017.

［20］段伟. N公司供应商评估和选择研究［D］. 广州：广东工业大学，2015.

［21］沈一波. AC公司供应商管理研究［D］. 石河子：石河子大学，2016.

［22］李文静. 供应链管理中供应商激励策略研究［J］. 职业圈，2007（21）：78-79.

［23］霍红，华蕊. 采购与供应链管理［M］. 北京：中国物资出版社，2006.

［24］刘宝红. 采购与供应链管理——一个实践者的角度［M］. 北京：机械工业出版社，2015.

［25］梁军，王刚. 采购管理［M］. 北京：电子工业出版社，2015.

［26］李政，姜宏锋. 采购过程控制——谈判技巧·合同管理·成本控制［M］. 北京：化学工业出版社，2010.

［27］周玲玲. HD公司国际商务谈判案例［D］. 哈尔滨：哈尔滨工程大学，2011.

［28］罗杰·费希尔，威廉·尤里，布鲁斯·巴顿. 谈判力［M］. 王燕，罗昕，译. 北京：中信出版社，2012.

［29］钟怡. 浅谈如何在采购中运用谈判心理技巧［J］. 当代经济，2018（4）：20-21.

［30］杨家杰. 获得项目的急迫心理对谈判结果的影响［D］. 天津：天津大学，2015.

［31］郗轶君. 多元化的国际商务谈判技巧及顺应策略研究［J］. 理论观察，2018（8）：174-176.

［32］董学杰. 基于情感模型的辩论谈判系统研究［D］. 北京：北京工业大学，2013.

［33］孙明明. 国际商务谈判中的跨文化冲突及应对措施［J］. 黑龙江教育（理论与实践），2016（6）：14-15.

［34］马兴东. H中烟公司物资采购管理合同研究［D］. 长沙：湖南大学，2012.

［35］郑忠伟. 核电设备采购合同支付管理模式研究［D］. 北京：清华大学，2015.

［36］冯青. OL公司采购与付款内部控制研究［D］. 西安：西安石油大学，2017.

［37］牟萍. 电力物资采购合同风险管理研究［D］. 北京：华北电力大学，2011.

［38］张俊民. 内部控制理论与实务［M］. 大连：东北财经大学出版社，2012.

［39］宋玉卿，沈小静. 采购管理［M］. 2版. 北京：中国财富出版社，2018.

［40］罗丽. 浅析供货合同的履约风险管理［J］. 法制与经济，2013（3）：89-90.

［41］营学波. 浅析设备采购合同的风险与控制［J］. 中国市场，2017（21）：

66-70.

[42] 霍红．采购管理实务 [M]. 北京：科学出版社，2009.

[43] 寻小荣. 基于平衡计分卡的绿色供应链绩效评价研究 [J]. 物流技术，2016，35 (2)：114-119.

[44] MESSENGER S. 采购绩效评价与评价内容分析 [J]. 国际市场，2008 (5)：52-53.

[45] 张正洁. H公司大宗原材料采购绩效评价体系研究 [D]. 广州：暨南大学，2016.

[46] 李猛．公务车处置服务采购如何设定资格条件 [N]. 政府采购信息报，2017-06-26 (7).

[47] 李健佳. M公司设备采购招标管理研究 [D]. 长春：吉林大学，2016.

[48] 刘尔烈，刘戈．项目管理与合同管理 [M]. 天津：天津大学出版社，2010 (5)：27-29.

[49] 杨志勇．工程项目采购与合同管理 [M]. 北京：中国水利水电出版社，2016.

[50] 朱静．"指定品牌"之惑 [J]. 新理财（政府理财），2014 (Z1)：94-95.

[51] 李效飞．工程项目采购管理 [M]. 北京：中国建筑工业出版社，2014 (1)：79-82.

[52] 蔺雷，吴贵生．服务管理 [M]. 北京：清华大学出版社，2009.

[53] 刘跃华．货物采购与服务采购有何不同 [N]. 政府采购信息报，2018-07-09 (7).

[54] 项洋．货物招标如何限定投标人资格 [J]. 中国招标，2012 (8)：21.

[55] 杨娜. 海事监督艇：货物与服务一次采购 [N]. 政府采购信息报，2007-11-19 (3).

[56] 孙超，张峨嵋，陈义陆，等．探索非公开招标采购方式 [J]. 设备管理与维修，2018 (Z1)：7-9.

[57] 刘豪. 建设工程保证金法律问题研究 [D]. 成都：四川省社会科学院，2017.

[58] 王文庚. 政府采购政策功能研究 [D]. 北京：中国财政科学研究院，2012.